探究を生む歴史の授業

プリント・資料付き

【下】

加藤 好一

地歴社

＊目 次＊

近代日本のあゆみと４つの戦争

≫国権 VS 民権≫

＼富国強兵新聞／	＼自由民権新聞／
国民の自由とか何とか言ったって、何もかも自由にすればかえって混乱する。外国に攻められれば自由もなくなる。強い国にしといてから国民のことを考えればいい。強い国になるまでのしんぼうだと思う。（こづ枝）	私は自由や民権の方につく。国民に自由がなければ毎日がいやになってしまう。他の国とのことを先に考えるよりも、まずは自分たちの国をまとめることを考えてもらいたい。自由を国民からとるのはよくない。（真美）

≫日露戦争では？≫

戊辰戦争・日清戦争・日露戦争・第１次世界大戦

生徒たちは歴史の岐路に身を置いて考え、「思考」錯誤の中で互いに歴史の見方を深めあっていく。

1 戊辰戦争と明治新政府
──新しい国はどうつくられたか──

> 戊辰戦争は会津を重点に学び、勝者と敗者双方の主張に耳を傾けさせる。その戦争の過程でどんな「御一新」が始まるか。作業学習をふまえて多面的に理解し、藩閥政治の課題に気づきたい。

1　戊辰戦争・歴史の分かれ道 ── 君はどちらに？

　電子黒板等に黙ってⒶを投影。「お城だ」「壊れている」『どこが？』「壁」『なぜ？』「大砲で撃たれた」『城の名は？』教材に生徒を一歩一歩近づけていく。気づきや予想を十分発表させてから詳しい生徒を指名。城は会津若松城（現・福島県）で、破壊は明治元（1868）年の戦争の結果であった。

　『戊辰戦争という。知りたいことは？』　発言を整理し、①誰と誰が・②どこで・③結果の３つを教科書で調べて発表させたい。（①旧幕府軍や会津藩など奥羽越列藩同盟27藩⇔薩摩長州など新政府軍・②鳥羽伏見から函館までを教科書の地図にマーク・③明治２年５月に新政府軍最終勝利。西郷隆盛・勝海舟の会談・白虎隊16名の自刃などのエピソードは地図に沿って順次紹介）

　死者は8420人（新政府側3550人・旧幕府側4690人）。会津藩は2557人（女性194人）で全体の３分の１強に達する。（現在の市民の思いは参考資料から分かる）

　『では、君はⒷⒸどちらの主張に賛成か』　指名読み後に挙手で態度を表明。数人に意見を聞きたい。

2　「御一新」の始まり ── 新政府は戊辰戦争中に何を？

　『戦争の中で、新政府は何を行い新しい政治を始めるか』　つぶやきがあれば拾う。少し間を置き、考えが浮かんだころにⒹを配布するとさっと取り組む。答えを合わせ解説しよう。（②五箇条・⑤明治・東京・◆明治─人々は「御一新」と言った）"戦争が終わってから御一新"との誤解を解きたい。

　薩摩藩72万石・長州藩36万石に対して慶喜の跡継ぎは駿河70万石。なぜそんなに多くもらえたか。闘わずに新政府に従ったからである。五箇条は、教師に続いて一条ずつ斉唱させ文語のリズムを体感させる。ざっと解説して「会議」「公論」の語句を押さえる。『どう思う？』「いいと思う」『明治天皇はこれを誰に誓ったの？』　民衆？家来？─教科書などを見ると「神々」とあった。

　『翌日には民衆に何を命じたと思う？』Ⓔの五榜の掲示を示す。江戸時代とあまり変わらない。『では、幕末に民衆の間では何が起きていたの？教科書の前のページから探そう』ええじゃないかや世直し一揆の多発などが「発見」できる。神に政治の理想を誓う反面、民衆のこうした動きを抑えることが新政府の安定と戦争勝利のためには重要であった。（キリスト教禁止は欧米の批判で撤回）

3　藩閥政治とは？ ── 誰が政治の実権を握るか

　『新政府の中心となった人物は？』人名をつぶやく子がいる。目で応えながら左の板書を行う。

薩摩─西郷（　　　　）	
大久保（　　　　）	
長州─木戸（　　　　）	
土佐─板垣（　　　　）	
肥前─大隈（　　　　）	
公家─岩倉（　　　　）	

　ここで学習形態を学びあいに変えると活発になる。教科書を見せず友だちと対話しながら漢字で記入させたい。（離席も可）

　６人を前に出し黒板の（　）に答えを記入。そこが現在の何県か。さらに４人を指名する。『勝海舟など旧幕府側の人は？』「ゼロ」彼らはこの者たちの下で働く。『こうして薩長などの藩出身者が行う政治を漢字４文字で』「藩閥政治!!」『民衆はどう思うか』会議も公論もないため不満が高まったことに気づかせたい。

Ⓐ

〈参考〉「明治150年」は「戊辰150年」

　幕末の動乱の中でも会津藩は「義」を貫き、戊辰戦争はまさに「信義」と「誠」をつくした戦いでした。しかし、「賊軍」の汚名を着せられ、白虎隊の自刃をはじめとする数々の悲劇を生み、一ヶ月に及ぶ籠城戦の末、1868 年 9 月 22 日に降伏……長らく苦難の道をたどることとなりましたが、先人たちは、新しい未来を創造するため弛まぬ努力と情熱を注ぎ、現在の会津若松が築かれました。

（会津若松市 戊辰 150 周年実行委員会）

Ⓑ 新政府側の主張とは？

　日本が遅れた国になったのは、幕府が古い政治を続けたためではないか。

　その勢力を新政府に入れても日本は変わらない。天皇に従わない旧幕府勢力を倒してこそ新しい政治ができるし、欧米に負けない強い国にもなれる。天皇の軍隊である官軍に逆らう者は賊軍になってしまうぞ。

Ⓒ 旧幕府側の主張とは？

　天皇中心の新しい政治は行うべきだ。だから大政奉還をしたのである。

　しかし、薩摩や長州は天皇の名の下に権力を一人じめしているではないか。われらはそれに反対するのだから賊軍ではない。旧幕府側も政治に参加させ、共に力を合わせなければ欧米に負けない強い国はつくれない。

Ⓓ 戊辰戦争中に新政府は何を行うか

① 1868 年 1 月 [鳥羽伏見の戦い]

② 3 月 （　　　　　）の御誓文

③ 4 月 江戸城に新政府軍が入城

④ 5 月 [奥羽越列藩同盟]ができる。

　徳川家を 70 万石の大名にする。

⑤ 9 月 元号を慶応から（　　　）へ

　江戸の名を（　　　）と変える。

　[会津藩が降伏]

⑥翌明治 2 年 5 月 函館の旧幕府軍が降伏。

　[戊辰戦争が終わる]。

　◆こうして始まった一連の改革を

　（　　　）維新とよぶ。

Ⓔ 五榜の掲示

一 道徳や秩序を守ろう
一 集まって騒ぎや一揆を起こすな
一 キリスト教は禁止
一 国際法を守り外国人に害を加えるな
一 逃げ出して勝手に住む所を変えるな

　会津若松城の鮮明な画像はネットから簡単にとることができる。他の資料にもそうしたものが多い。

2 文明開化と殖産興業
——生活と社会はどう変化？——

生活の文明開化を江戸時代と比べて学び、思想・社会や産業の文明開化＝殖産興業にまで視野を広げる。諭吉の『学問ノススメ』は自分と関わって捉え、兆民の思想にも目を向けさせたい。

1 牛鍋とあんぱんと鉄道 —— 生活の文明開化と社会の文明開化

　Ⓐは東京での明治5（1872）年ごろの情景だ。導入3例を示す。選択眼が求められる。

①二人に1枚 B5大で配布。『江戸時代にはなかったものを探そう』　相互の対話が成立。3分後に発表。

②裏返して個々に配布。『ハイ開けて』必ずつぶやきが生まれる。それを拾う。『すごい。Aさんは江戸時代にないものを見つけた（評価）。他にはないの？（間を空けて見まわす）探してみよう』（作業➡発表へ）

③A3に拡大して黒板に貼付。鍋を ? で隠すと身を乗り出す。紙を外すと歓声。「何か食べてる‼」『牛鍋だね。江戸時代には？』「ない」『他にも江戸時代にはなかったものを探そう』

　①はペアで対話。②は個々に資料と対話。③は協同して資料と対話する。主な答えは次の通り。

ランプ・散（ざん）切り頭・ビール・シャンパン・スプーン・洋服・牛鍋・こうもり傘・帽子

　欧米の肉料理と鍋料理が融合して牛鍋が創造され、生活の中に欧米文化が入ってきたことを押さえる。客も洋装で風呂敷包みやキセルを持つなど和洋折衷であった。　　『明治天皇が明治8年に初めて食べたものは？』　あ○○○か○○○ん と記したカードを提示。正解はあんぱんだ。日本の餡と欧米のパンの合体である。献上は木村安兵衛（パンの木村屋の元祖）。日本独自の菓子パン文化は文明開化から生まれ、明治37年のクリームパン、昭和初年のカレーパンにまでつながっていった。

　『こうして欧米文化を取り入れて新しい文化をつくる動きを漢字4文字で？　教科書に線を引いたら手を挙げる』　林のような挙手。一斉に「文明開化」と言わせる。『では、街や交通・通信に起きた変化とは？　教科書の絵や文をマークして発表しよう』　小6での学習を覚えている者も多い。太陽暦採用にもふれたい。では、その一方で、工業にはどんな変化が起きるのだろうか。

2 群馬県に何をつくるか —— 産業の文明開化＝殖産興業とは？

　『明治5年、群馬県に新しくつくられたものは？』　予想したら教科書でその絵を探索。官営富岡製糸場であった。気づきを発表。フランス直輸入の器械を少女たち（工女）が動かし繭から生糸をつくる。

　なぜ大砲工場でなく最初に製糸工場なのか。農村で多く採れる繭を原料に生糸をつくる。複雑な機械はいらないので、お雇い外国人に技術を教われば少女にもできる。できた生糸（絹）は輸出。得たお金で最新機械や軍艦・武器を欧米から買い、それを手本に技術を高めて機械工業を育てていく。

　（　）産（　）業と板書して答えを言わせ、「産業を移植（殖）し工業を興す」との字義を教えたい。

　殖産興業とは、江戸時代以来の産業の文明開化でもあったと私は思う。

3 福沢諭吉はなぜ国民に学問をすすめたか —— 思想の文明開化

　次に、『君たちは利口と馬鹿のどちらになりたいか・金持ちと貧乏のどちらになりたいか』と聞く。さらに、どうすればそうなれるのかと問う。いろいろ出たところで、『明治時代に、賢く豊かになる方法を欧米の思想をもとに主張した人がいる。その思想を紹介しよう』と言ってⒷを音読させる。要は、学問（勉強）に励むかどうか個人の努力の差によるというのだ。だから本の題は『学問ノススメ』。「そうだ。やればできる」「結局自己責任？」「うちの親と同じ」など生徒の受け止めは多様であろう。

　最後は、ルソー『社会契約論』を和訳した中江兆民の思想Ⓒも紹介して感想を求めたい。

Ⓐ 江戸時代になかったものは？

（仮名垣魯文『安愚楽鍋』）

Ⓑ 君はこの考えをどう思う？

　人の上に人はない。人の下にも人はない。人は生まれながらにみな平等である。それなのになぜ社会では貧しい人と豊かな人の差、賢い人と愚かな人という違いが生まれるか。

　それは、学んで自分を高めるか高めないかの努力の差による。今は江戸時代と違って身分差のない社会になったのだからチャンスは平等。我々は大いに自立のための学問をしよう。それによって成功への道を切り拓いていこう。

◆こう主張した人　（　　　　　　）

◆書いた本　（　　　　　　）

Ⓒ 中江兆民の考えをどう思う？

　富国強兵というが、本当に国を豊かにしようと思えば多くの軍隊を持てるはずがない。逆に軍事力を強めようとすれば国の富を増やすことはできない。

　私が以前アジアの港に寄った時、イギリス人が威張りちらして現地の人をステッキでなぐったり足でけとばすのを見ることがあった。欧米人は自分では文明人だと言うが、それならばなぜこんな野蛮な行いをするのか。トルコやインドの人もまた同じ人間である。

（松永昌三『福沢諭吉と中江兆民』中公新書）

〈参考〉世相を風刺した絵

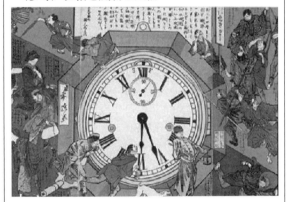

（浅井コレクション・部分）

「…ムダを省き、くるくると回りてかせぐ運動世界　先へ出るのがかんじん　かんじん…」と書かれている。文明開化の社会では時計が普及して人々は時間に追われ、多忙化も始まった。

◎日本人向けの最初の牛鍋店は文久2（1862）年に横浜にできた「伊勢熊」だ。まだ冷蔵庫もない時代であった。東京最初の店は明治元年開業の「中川」であるが、明治10年には550軒に激増する。明治天皇も明治5年に牛肉を食べた。（小菅桂子『近代日本食文化年表』雄山閣）

　牛鍋には厚切りの肉や味噌を入れるのであるが、すき焼きと区別しがたい点もある。

◎当時の太政大臣は 年俸 9600円で富岡製糸場のお雇い外国人ブリュナ（30歳）の 年俸 は9000円。一等工女は 月給 1円75銭であった。（今井幹夫『富岡製糸場と絹産業遺跡群』ベスト新書）

［このプランは愛知県の黒柳昌宏氏の実践をふまえたものである］

3 強国をめざして
——国のしくみをどう変える？——

> 資料提示のくふうで徴兵制への関心を高め、なぜ平民を兵士にするかを考える。また、強国をめ
> ざして政治や教育面でどんな改革が行われたか対話を通して学びあい、用語の定着を図る。

1 「身体検査」の謎を解く —— 誰を兵士にするか

　最初からⒶ全体を見せてはだめ。大部分を隠し右の男だけを見せる。「ふんどし一丁‼」（笑）次々
に男たちが現れる。「風呂‼」身長を測る5人目でストップ。『彼の左にはどんな人がいるか』「医者」
『正解は』間をおいてからさっと開ける。「あ〜、軍人だ」「なぜ？」生徒から問いが出る。

　次は、相談➡発表➡教科書での検証へ。明治6（1873）年の徴兵令で20歳の男子に兵役義務が生じ、
軍人が兵士にする男を選んだのであった。『このクラスなら誰を選びたい？』なぜか盛り上がる。

　続いて教科書の「人口の割合グラフ」を見せる（できれば板書）。士族とは？・平民とは？・華族
とは？　生徒に説明させた後に『なぜ士族だけでなく平民からも徴兵するか』と問う。「士族は少数。
平民も入れると兵士が増える」刀剣の時代は去った。必要なのは銃砲を扱える多数の兵であった。

　『徴兵は平等。士農工商の身分もなくなった。これを漢字4文字で？』「四民平等」（✕身分➡族籍
へ）差別されていた人々にも解放令が出たが徹底せず、やがて解放運動につながっていった。

2 県や学校をなぜつくる？ —— 新しい国のしくみを整える

　『四民平等にして兵隊を増やすだけで強い国になるの？』「ならない」『では、政治や教育のしくみ
はどう変えるか』まずは、Ⓑ江戸時代の政治や教育のしくみの図を提示したい。学習方法4例を示す。
　㋐個別配布−思考の深化　㋑2人に一枚ずつ−対話が活性化　㋒班に1枚−グループで学びあい
　㋓大判画用紙で黒板に貼付−全体で学びあい

　〈政治〉に関しては、藩をなくす・知事を置く・国会をつくり代表を集める etc.〈教育〉につい
ては、寺子屋をやめて一緒に勉強・お寺でなく学校にする・本格的に勉強するなどの意見が出る。

　教師は賛否を控え、どの意見にも頷く。『実際はどうか。教科書で答えを見つけて挙手‼』廃藩置県
と国による知事の任命・学制と小学校2万5千の設立などが判明する。（教科書の検証的活用）

　『いきなり藩をつぶされたら大名は反抗するかも。廃藩前に何をする？　漢字4文字』　最初は版籍
奉還をさせ、土地と人民を天皇に返させるが政治は元の領主に任せた。『それと同じ日に142の公家と
285の大名などを特別な階級にしてやった。何族？』「華族」彼らは東京に住み、子どもは専用の学校
＝学習院に通う。彼らを特別待遇して不満を抑えた2年後に廃藩置県は行われた。

　学校や県という今では当たり前の組織は、強国をめざす中でこのようにしてつくられていった。

3 今の学校と比べると？ —— 義務教育の重点を知ろう

　『当時の学校の写真や絵はどこにある？』まず学校の写真を見る。『「（　　　　　）のようだ」と言
おう』「ホテル」「豪邸」どれだけの費用がかかったか。寺院などを利用した学校も多かった。次は学
習風景。『今との違いは？』「男女別」「長椅子」「机がない」「黒板も」「ノートも」「先生がムチ持っ
てる」ここは教科書の資料的活用の場面だ。『学校へはみんな行ったの？』　教科書の「明治の文化」
などにあるグラフから就学率の変化を読む。最後はⒸ明治の教科書を提示し、学校教育では何が重視
されたかをつかませる。Ⓓのシートは復習などに反復活用して知識を定着させたい。

Ⓐ

Ⓑ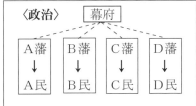

〈政治〉

```
         幕府
    ╱    │    │    ╲
  A藩  B藩  C藩  D藩
   ↓    ↓    ↓    ↓
  A民  B民  C民  D民
```

〈教育〉

武士 → 藩校中心

百姓・町人 → 寺子屋・塾

Ⓒ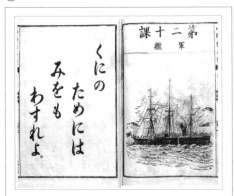

上の左ページの文と右ページの軍艦の絵はどんな関係があるかと問う。「国のために身を忘れる」とは、例えばこのような軍艦に乗って死を恐れずに戦うことであった。

身分ごとの教育に代わって学校ができると、全国の子どもは多くの有益な知識と共にこうした思想を教えられていった。

藩ごとに多様であった地方政治も、国が任命した知事によって中央の方針がストレートに実行されるようになっていく。

徴兵令・廃藩置県・学制は欧米に負けない強大な国をめざす「3点セット」であった。

Ⓓ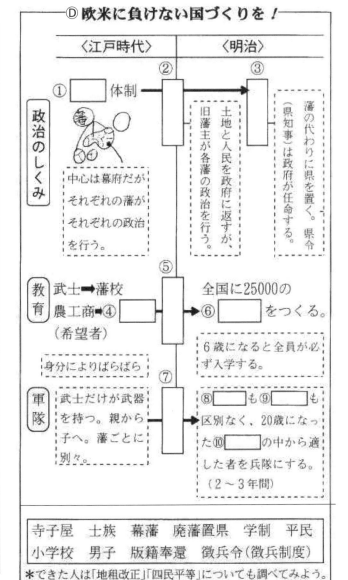

欧米に負けない国づくりを！

〈江戸時代〉　〈明治〉

政治のしくみ

① ［　　　］体制 → ② ［　　］ → ③ ［　　］

中心は幕府だがそれぞれの藩がそれぞれの政治を行う。

土地と人民を政府に返すが、旧藩主が各藩の政治を行う。

藩の代わりに県（県知事）は政府が任命する。県令（県知事）は政府が任命する。

教育

武士➡藩校
農工商➡④［　　］（希望者）

⑤ ［　　］

全国に25000の⑥［　　　］をつくる。

身分によりばらばら

6歳になると全員が必ず入学する。

軍隊

武士だけが武器を持つ。親から子へ。藩ごとに別々。

⑦ ［　　］

⑧［　　］も⑨［　　］も区別なく、20歳になった⑩［　　］の中から適した者を兵隊にする。（2～3年間）

寺子屋	士族	幕藩	廃藩置県	学制	平民
小学校	男子	版籍奉還	徴兵令（徴兵制度）		

＊できた人は「地租改正」「四民平等」についても調べてみよう。

Ⓓは本時の最後や次時の冒頭に復習ミニテストとして使う。採点は社会科係に任せても可。
両面印刷して裏面は下段の解答を消すと定着度が高まる。

4 開拓と地租改正
── 富国強兵の基礎づくり ──

屯田兵などによる北海道開拓を学びアイヌ民族の迫害についても考える。富国強兵をめざす諸改革の費用を賄うにはどう税制を変えればよいかを考えあって地租改正の概要を理解する。

1 兵隊さん、これはびっくり ── 開拓の光と陰

Ⓐを投影。「兵隊だ」反応には笑顔で頷き『**兵士はこの後何をするか**』と問う。どんな予想にも『なるほど〜』と共感。間をおいてⒷを投影する。「え〜、農業してる」「なんで〜？」驚きと疑問から生徒を教材に近づける。続いて、①この兵士を漢字３文字で・②いつごろどこで・③何のために置いたかとの課題を提示。個かペアで調べさせる。（①屯田兵─失業士族が多い。一般人も移住・②1869（明治２）年から北海道（旧蝦夷地）で開拓使により・③原野を開拓しながらロシアに備える）

ここで今の北海道の産物を聞こう。開拓がなければそれらもなかった。北の大地は日本の発展に大きな役割を果たした。『そこで、2005年に新千歳空港に貼られたポスターには「北海道は、開拓者の大地だ」とあった。どう思う？』「だめ」『なぜ？』「アイヌ民族がいる」彼らは開拓が進むとどうなるか。予想の後にⒸを読ませて開拓の光と陰に気づかせたい。このポスターは撤去された。

2 学校にも鉄道にもお金が必要 ── 税のあり方をどう変えるか

『こうして北海道を開拓し、産業を発展させ、鉄道を走らせ、文明開化で学校をつくり、藩を県に変えて新式軍隊を持つ。そこから政府がめざした目標を漢字４文字で表そう』「富国強兵‼」語句の意味を押さえたい。『でも、短い間にこれを実行するには多くのお金が…』「必要」『**そこで政府は米中心の税の取り方を変える。何をするか**』つぶやきを受け、Ⓓを個かペアに１枚配布したい。

手にすると、声に出して拾い読みを始める。『「地」のつく語句を全て〇で囲もう』 誰もができる。地券・地租・地価。意味を聞くと地価は土地の価格だと言う。他は教科書で調べさせる。地租は土地にかかる税。地券は土地の広さやその価格・所有者名など記したこの券のことであった。

江戸時代との違いを単純化して下に示す。①年貢率は取れ高により変動するのに対し税金は定額である。よって、②政府の収入が安定し、予算を立てて計画的に使える。さらに、③米と違って輸送や保管に便利。政府にはこれらの利点があった。

国民にとっての利点は何か。地券の初めから３行目・終わりから３行目に

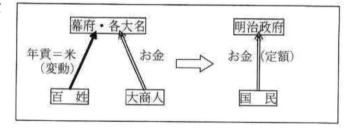

着目させたい。「持主 渡辺弥作」「検査の上これを授く」とある。国民は、国が検査した土地の所有を初めて認められたのである。これを地租改正とよぶことを押さえたい。

3 「竹槍でどんと突き出す二分五厘」 ── 減税はなぜ実現したか

『**地租改正により社会では何が起きるか**』 予想を受け、教科書などで関連する絵を探す。「反対一揆が起きた‼」県を越え百姓も士族も参加する大規模な一揆だと分かる。「なぜ？」実際の税の重さが江戸時代並みであったからだ。『一揆の結果、地価の百分の三（３％）であった地租はどうなるか』地券を読むと百分の二ヶ半（2.5％）に下がっていた。民衆もまた、実力で政治を動かす時代が来たのである。減税がなぜ1877（明治10）年であったかは後にふれたい。

© 開拓使とアイヌ民族

© 開拓使とアイヌ民族

「北海道のサケを増やすため、川で
アイヌがサケ漁するのを禁止する。違
反者はすぐに捕まえる」〈『函館新聞』18
79年〉

「開拓使はアイヌの人たちが利用し
てきた土地を取り上げ…川での漁を禁
止したり、シカ猟を禁止したりした。
開拓優先の政策の結果、アイヌの人た
ちは食べるものに困るようになった」
（アイヌ文化振興・研究開発機構『アイヌ民
族・歴史と現在』）

◆アイヌ民族は法律上何と呼ばれたか。「旧土人」である。この「北海道旧土人保護法」は1997
（平成９）年まで存続した。アイヌ民族迫害と同化政策についてさらに調べさせよう。
　一方、北海道全土への徴兵令施行は日清戦争後の明治31年。それまでは開拓優先であった。

Ⓓ

大日本帝國政府

明治九年改正 地券

駿河國志太郡岡部宿貳百六拾八番地
辛廻沢
同　宿

一　山林貳畝廿五歩　持主　渡邉彌作

　　此百分三金貳重
地價金七銭三重
　　明治十年ヨリ
　　此百分ノ貳ヶ半金貳重

地租

右撿査之上授與之

明治五年三月十日

静岡縣

主事

郡長近藤準平

地域オリジナルの地券をＡ４判カラーで渡すと迫力が出る。実物の地券はネットなどでも販売されている。
この際、実物を入手してはどうだろうか。

5 学びたい国・従えたい国
──対外関係と国境の画定──

王国が藩とされ、さらに琉球処分によって近代日本に編入される経緯を知る。明治政府が東アジア各国や欧米との間にどんな関係を築いて国境を画定するかを学んで知識の定着を図る。

1 廃藩置県で藩はゼロ？── 教室前面に大日本地図を展張

『復習です。廃藩置県とは？』続いて問う。『その翌年に藩が一つできた。ホントかウソか』「先生がそう聞くからホント」（笑）ここで大判日本地図（東アジアの小図付き）を展張。『その藩はどこにできたと思う？』 挙手者に付せんを渡して予想地域に貼付させる。北海道や沖縄・朝鮮が多い。

正しいと思う考えに各自挙手。『教科書に答えがある』「あった〜、琉球藩だ」『藩になる前は？』「琉球王国」『変わったことは？』「国から藩へ」「日本の一部になった」国王は藩主へ。琉球は清にも仕えていたので、怒った士族の中には清の力を借りて王国の復活を図る者も出た。

2 明治日本・最初の戦争 ── 東アジア各国とのつき合い方は？

次に🅐を投影。誰かが字を読み出すと同調者が出る。「大日本琉球藩民五十四名墓」『建てられたのはここ』（指示棒で小図の該当地を指す）「台湾だ。なぜ？」予想の後に教科書で検証。漂着した琉球人が侵入者と思われ山地の先住民に殺されたのであった。日本軍3650人は山奥まで攻めこむ。新政府ができて6年、外国（清の支配地）での最初の戦争であった。『戦死は6名。マラリアなどによる病死は…561名』『え〜!!』殺害琉球人の10倍以上だ。清が賠償金を払って戦争は終わった。

ここで台湾出兵を学んでおくと、日清戦争後の台湾領有もその延長と受けとめ唐突に感じない。

『その後、政府は琉球藩をどうするか』「県にする」『1879（明治12）年のその出来事を漢字4文字で』教科書でチェック。多くの手が挙がる。合図で一斉に「琉球処分!!」"処分"の結果、日本最南端の県・沖縄県が誕生して南の国境が確定した。

『台湾出兵の翌年、日本が武力を使ったのは㋐清（中国本土）・㋑朝鮮・㋒ロシアのどこか』 （大地図の小図で位置を確認）「朝鮮」最も小さい・最も近い国であった。確認した上で征韓論・江華島事件・日朝修好条規（不平等条約）の概要を押さえる。これは外国を攻める「攘夷」であろう。

『大国の清やロシアとはどんな条約を結ぶか』対等な日清修好条規や樺太・千島交換条約である。こうして西と北の国境が画定。小笠原諸島の領有も認められ、ここでも国境が定まった。

3 少女たちはなぜ？ ── 明治初期の対外関係の特色

続いて🅑を投影。「かわいい〜」明治5年、アメリカでの8歳の日本人少女である。『君たちのようにかわいいこの少女もやがて…』（🅒を投影・騒然）「知ってる。新5千円札」「津田梅子だ」既習知識を発表。教科書の写真も見せて1871（明治4）年の岩倉使節団のメンバーと役割を押さえる。

その目的は日本近代化のため欧米の政治や文化を学ぶことで、これは大成功。だが、もう一つの目的である不平等条約改正予備交渉は失敗した。5人の女子留学生には、アメリカ的教養・文化を幼少期から身に着けて、日本の女子の教養を欧米並みに向上させる役割を果たすことが期待された。

『欧米に対する態度と朝鮮に対する態度を比べると？』 生徒の答えを受けてさらに問う。『明治政府を中2とすれば欧米は？』「中3」『朝鮮は？』「中1」態度の違いはそこから生まれる。さらに例えれば、対等な条約を結んだ清・ロシアはこの時点では同じ中2であったと考えてもよい。

次ページのシートはミニテストや家庭学習などにも活用して知識を定着させたい。

Ⓐ Ⓑ Ⓒ

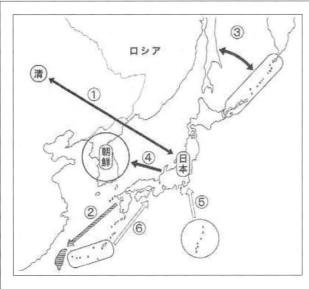

①1871年、対等な〈　　　　　〉
　条規をいちはやく結ぶ。

②1874年、〈　　　　〉に軍を出し、山地
　の先住民と戦う。

③1875年、ロシアと〈　　　　　〉条約
　を平和的に結ぶ。

④1875年、軍艦を送って
　〈　　　　　〉事件を起こし、相手側に
　不平等な〈　　　　　〉条規を結ぶ。

⑤1896年、〈　　　　〉諸島を日本領と
　して欧米や周りの国に認めてもらう。

⑥1879年、軍隊を派遣して〈　　　〉処分を行い、〈　　　〉県に変える。

⑦明治政府が軍隊や軍艦を送った国・地域を赤くぬろう。

⑧平和的に日本の領土としたところや対等な条約を結んだ国には他の色で斜線を引こう。

⑨気づくことは？

①日清修好　②台湾　③樺太千島交換　④江華島・日朝修好　⑤小笠原　⑥琉球・沖縄　⑨朝鮮・台湾・琉球など日本より小さい国・地域には軍隊や軍艦を送る。大国の清・ロシアとは対等につきあい、強大な欧米からは進んだ政治・文化を取り入れようとした。

（③に伴い千島・樺太のアイヌは日露各国に編入。不慣れな地に移されて死亡する者も多く出た。）

6　専制政治を変えろ
──反乱か民権運動か──

特権を奪われた士族はどんな方法で政府の専制政治を変えようとするか。西郷の道と板垣の道を対比的に学び、自由民権運動の広がりと国会開設への経緯・私擬憲法の内容をつかませたい。

1　士族の進む道①──西郷たちは何を？

　Ⓐを投影。適任の生徒を⑦と⑦に「抜擢」して1分間セリフを相談➡前で応答させる。みなで修正を加え、巡査が士族に「刀を差すな」と注意した場面だと結論づける。1876（明治9）年の廃刀令により帯刀が禁止されたのだ。士族は俸禄支給も停止され多くの特権を失った。

　『士族にはどんな動きが起きるか』　「反乱する」教科書などの関係地図から「主な士族の反乱」をマークさせたい。賑やかな導入から一転して作業に集中する。廃刀令が出た1876年を中心に西日本が多い。翌77年の西南戦争が最後だと分かる。明治6年、板垣退助・西郷隆盛などは征韓論を主張するが「国内が優先」として大久保や木戸たちに拒否され政府を抜けた。その西郷は専制政治を変えると称して士族約3万人と共に明治10年2月に反乱、政府の徴兵軍隊に敗れたのであった。

　『政府が地租を2,5％に下げたのはいつ？…西南戦争直前の1月でした』「お～！」政府は百姓に一歩譲り、ぎりぎりで士族反乱との結びつきを防いだとも言える。歴史は連関の中でとらえさせたい。

2　士族の進む道②──板垣たちは何を？

　『西郷は土佐の板垣に使者を送った。「共に戦って専制政治を変えよう」君が板垣ならどう答えるか』端から順に生徒を指名する。「分かった」「やろう」「いやだ」「勝てない」『実際の板垣は何をしたか』　教科書でチェック。すでに明治7年に民選議院設立建白書を政府に提出していた。これを機に、民選議院（国会）を開いて専制政治を変えようとする自由民権運動が盛んになっていた。

　『士族だけで変えられるか』「無理」『平民を味方にするには何を主張する？』（相談➡発表➡Ⓑの指名読み）憲法制定と国会開設・地租軽減・不平等条約改正─これなら士族も平民も団結できた。

　『何をして主張を実現するか。反乱？』「違う」国会開設請願（お願い）の署名運動である。そのため国会期成同盟がつくられた。演説・集会が警察に妨害される中、電話も自転車も少ない時代に署名をどうやって集めるか。Ⓒを扇子・はちまきで教師が演示。（"役者"がいれば事前に依頼。生徒はオッペケペーの部分を斉唱）演説に代え「演歌」で自由民権をPRしたのだ。Ⓒの①②に挑戦させる。

　今はありふれた「自由」「権利」という考えはこうして人々に広がる。当時の20～50歳の男子約770万人のうち約32万人が署名に応じた。署名は一戸一人が普通の時代である。今なら約3千万人にあたるそうだ（江村栄一）。『圧倒的な国民の声を受け、政府は国会を開くか』（つぶやきを聞く）

3　どんな国をめざすか──みんなで憲法を考えよう

　教科書で確認。憲法をつくり国会を開くと約束したが、それは10年後の1890（明治23）年。同時に、政府内で早期開設を唱える大隈重信を辞めさせ内部を固めた。『板垣や大隈は国会に備えて何をするか』　日本最初の本格政党である自由党、次に立憲改進党を結成した。彼らは「これで目的達成!!」と考えて国会活動に備えたのだ。各地の民権団体では、日本をどんな国にしたいかを考えて憲法プランを次々につくった（Ⓓを紹介）。『貧困をなくしもっと早く権利を獲得したい人たちは？』　教科書の図で激化諸事件の発生地を確認し、秩父事件を紹介する。その鎮圧により民権運動は山を越していった。

Ⓐ

Ⓑ 自由民権運動の主張と3大要求

今、国の権力を握っているのは、上は天皇でもなく下は人民でもない。一部の政治家ではないか。

その専制政治を変え、人々の権利を尊重して公平な政治を行おう。

1　憲法をつくって国会を開き、国民が選んだ議員の意見を聞け。

2　重すぎる地租をもっと軽くせよ。

3　欧米と結んだ不平等条約を改正せよ。

Ⓒ オッペケペー節を歌え　川上音二郎

権利　幸福　きらいな人に「自由湯（じゆうとう）」をば飲ませたい
オッペケペー　オッペケペー　オッペケペッポーペッポーポー

かたい上下（かみしも）角（かど）とれて
マンテル　ズボンに人力車
粋（いき）な束髪（そくはつ）　ボンネット
貴女に紳士のいでたちで
うわべの飾りはよいけれど
政治の思想が欠乏だ
天地の真理が分からない
心に自由の種をまけ
オッペケペ　オッペケペッポーペッポーポー

※「〇〇湯」（飲み薬）・マンテル（マント）・束髪（明治に流行した、女性の巻き上げた髪形）・ボンネット（女性用のかざり帽子）

①川上が大事にしたいモノ・コトに線を引いて発表しよう。

②川上がいちばん言いたいことは？

〈参考〉自由民権のさまざまなPR法

（高知市立自由民権記念館 蔵）

板垣の住む高知県で売られた化粧水の広告。その名は？

◆民権数え歌　植木枝盛

一つとせ　人の上には人はなき　権利にかわりはないからは　この人じゃもの

幼児も女性も自由や権利に親しんだ。オッペケペー節はネットに動画がある。

Ⓓ こんな国にしたい!! ── 民間の憲法プラン（例）

・日本の人民は法律の上でみな平等である。

・日本の国家は日本の人たちの自由や権利を抑える法律をつくって実施することはできない。

・日本の人民はどの宗教を信じても自由である。

・日本の人民はどんな罪があっても生命を奪われることはない。

・政府が憲法に違反して人民の権利自由を奪う時は、政府を変えて新しい政府をつくってよい。

（「東洋大日本国国憲案」植木枝盛）

7　憲法・国会　はじめの一歩
──国の主人公は誰か──

> 紙幣の人物を手がかりに発布までの動きをつかみ、作業を通して帝国憲法の特色を学ぶ。国につくす臣民を育てる上で、教育勅語と家族制度が大きな役割を果たしたことも理解したい。

1　千円札の男は何をした？ ── 大日本帝国憲法の発布まで

　Ⓐを投影。つぶやきを受け板垣の事績を復習する。彼は内務大臣にもなった。続いてⒷを投影。「伊藤博文だ」『正解。板垣は百円札、伊藤は？』その10倍の千円札である。**『彼は何をしたか』**

　予想後に教科書で調べる。最初の総理大臣となり、政府の憲法づくりの中心になったことが分かる。『お手本はどこの国の憲法？』「プロイセン」**『なぜフランスではだめ？』**国王を処刑した共和制の国だからだ。他方、プロイセン憲法は皇帝の力が強い。『誰が憲法を発布したの？教科書の絵にあるよ』首相に大日本帝国憲法を授けたのは天皇だ。時は1889（明治22）年２月11日の紀元節（今の建国記念の日）。伊藤の案は枢密院で検討されてこの日の発布となった。『天皇などの君主が人々に与える憲法を欽定憲法という』教科書を使って生徒を応答に引きこみながら理解を深めたい。

2　帝国憲法の特色は？ ── 作業を通して確認しよう

　次に、直径40㎝ほどの円を板書する。**『民間憲法プランの国民の権利をこの大きさとします。帝国憲法はどれくらい？』**　数人が板書して自説を主張。これなら生徒はよく話を聞く。その後Ⓒを音読させ、帝国憲法の○の大きさを再び問う。「○は民間より小さいと思う」『なぜ？』「法律の範囲内とか条件つき」「でも、少し認められたよ」『国民のことは何と呼ぶ？』「臣民」臣とは家来のことだ。

　『その帝国憲法で強い力を持ったのは？』「天皇」**『どんな力を持っていたの？』**予想の後、Ⓓを配布して作業へ。答えを合わせ、天皇は軍隊・裁判所・政府・貴族院の上に位置することを押さえたい。（Ⓐ天皇・Ⓑ総理・Ⓒ貴族・Ⓓ衆議・Ⓔ臣民・Ⓕ25・Ⓖ男子・Ⓗ15・Ⓘ教育勅語）

　『天皇についての条文を教科書で探そう』「あった」教師に続き音読させる。万世一系・神聖不可侵・国の元首・陸海軍を統帥…つまり天皇は①神の子孫、②国の主人公、③軍のトップであった。主権者として強大な力を持つその天皇が、臣下の力を借りて憲法の規定により国を治める。それが日本の立憲国家であった。図中で赤色はⒹだけだ。その選挙の様子はビゴーの絵から読み取らせたい。

　「天皇が神聖不可侵なら、その子どもとされる臣民の人権も不可侵だ」「権利が法律の範囲内なら、その法律自体を帝国議会で改善しよう」そう考えて権利拡大をめざす衆議院議員や学者もいた。

3　1月1日に学校では？ ── 忠君愛国の教育と家族制度

　『では、毎年１月１日になると小学校では？』Ⓔを投影。(明治29年『小学修身経(けい)』)「全校集会だ」「登校するんだね」**『教師は何をしているか』**「お辞儀」「何か読んでる」「校長先生だ」「卒業証書？」答えが出なければ教育勅語と教え、その内容を教科書でつかませる。立派な臣民になり戦争など非常の際は国のため命がけで尽くすよう、全国の校長は行事ごとに読み聞かせた。『誰の写真がその様子を見ているの？』天皇皇后の写真（ご真影）だ。忠君愛国の教育はこうして進められた。

　『では、男と女はどちらが偉い？』「男〜!!」（男子）『女には選挙権が？』「な〜い!!」『一家の主人になるのは？』「男〜!!」家長とよばれ家での「天皇」にあたる。結婚にはその許可が必要で姓を変えるのは妻側だ。女子の顔色が変わる。帝国憲法の下ではこうした男尊女卑の家族制度も形成された。

Ⓐ

Ⓑ

Ⓒ **大日本帝国憲法　臣民の権利**

第23条　臣民は法律に基づかないで逮捕や処罰をされることはない。

第28条　臣民は社会を混乱させず臣民の義務に違反しなければ宗教の自由をもつ。

第29条　臣民は法律の範囲内で言論・出版・集会・団体結成の自由を持つ。

第30条　臣民は礼儀を守り規定に従って国や議会などに請願（要望を出す）ことができる。

Ⓔ

Ⓓ

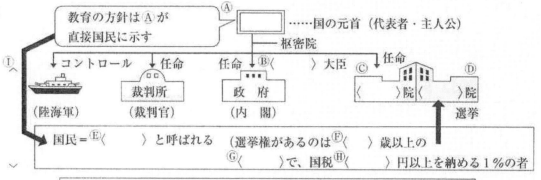

大日本帝国憲法のしくみについて□から当てはまる語句を入れよう。

教育の方針はⒶが
直接国民に示す

Ⓐ　　　　……国の元首（代表者・主人公）

枢密院

Ⓘ↗
→コントロール　→任命　任命 Ⓑ〈　　〉大臣　Ⓒ↑任命

陸海軍　裁判所　政府　〈　〉院〈　　〉院 Ⓓ
（陸海軍）　（裁判官）　（内　閣）　選挙

∨

国民＝Ⓔ〈　　〉と呼ばれる　（選挙権があるのはⒻ〈　　〉歳以上の
　　　　　　　　　　　　　　　Ⓖ〈　　　〉で、国税Ⓗ〈　　〉円以上を納める1％の者

臣民・総理・衆議・天皇・教育勅語・貴族・男子・15・25

Ⓙ国民から選ばれるところを赤く塗ろう。気づくことは？

＊ 大観から深化へ・近代の日本と対外戦争
──作業学習──

◆作業を通して気づきや疑問を深化

Ⓐ 「なぜこんなにも戦争が多いのか？ その結果どうなったのか？ 戦争が終わってから、次の戦争が始まるまでの間かくが少ない。なぜこんなにたくさんの戦争が起こったのか？ そんなに他の国と仲が悪かったのか。
　○どんな戦争だったのか　　○きっかけは何だったのか？　　」（里美）

※里美さんは、戦争のきっかけや結果・その内容をつかんで「こんなにたくさんの戦争が起こった」原因を、個別の戦争を越えて考えていく。これもまた「大観」からの学びの深化である。

Ⓑ 「日本は日本国憲法にかわってから戦争がなくなった。日本は相手国より人数が少ないのに勝てるのか？ 戦争はどっちかの国が力つきるまで決着つかないのが多いけど、他にはどうやって戦争が終わるのか？ 日本が憲法をかえても、話し合いなどできまらなくて戦争になることはないのか？」（洋平）

※洋平君は、日本国時代には対外戦争がなくなったことを知り、過去の戦争について３つの疑問を出す。そこから「話し合いなどで決まらなくて戦争になることはないのか」と将来の戦争の可能性に目を向ける。こうして歴史をふまえて未来を考えることも大観に基づく深化といえる。

　1889年に天皇主権の憲法を定めた大日本帝国はその後どんな道をすすむか。ここでは近代日本が関係した対外戦争の名を年表に記入させ、上記のようにさまざまな気づきや疑問を提出させる。その全てに教師が解答する必要はない。生徒自身が調べたことや疑問を全体に投げ返して学びあい、以後の近代史学習を共通の課題意識にもとづいて進める。授業は次にように行いたい。

1　「対外戦争」を記入しよう

　『江戸時代の日本は外国と戦争したか』「していない」『何を見れば一目で分かる？』教科書の年表を参照させる。「やっぱりゼロだ」『では、明治から後は？』「多いなあ」『いつどんな戦争があったかチェックしてみない？』ここで右ページのシートを配り、日本が関わった「……戦争」「……事変」「……出兵」「……大戦」などの対外戦争の名を年表から転記させる。
　終った生徒には気づきや疑問を記入させて時間調整。「これは」と思う意見は後に紹介したい。

2　生徒は何を感じたか？

　「たった50年の間に、こんなにも戦争があってびっくり」（綾）正直な感想である。「なぜ戦争が起きるのか。話し合いではなぜ解決できないのか」（甲斐）「なぜソ連やアメリカみたいな大きくて強そうな国を相手に戦ったのか」（裕子）「今はなぜ、戦争をやらないといったのか」（竜一郎）などの疑問はそれぞれの戦争学習の課題として学びを深めたい。
　「人はなぜ争いをするのか。そして争いに何を見いだすのか？」（達也）という懐疑は、歴史哲学に通じる。近現代史を学んだ後に再び考えさせよう。多くの対外戦争を歴史の中に列記して大観させることで、小集団や全体学習だけでなく作業学習からも深い学びが生まれる。
　大日本帝国には、天皇がいてもなぜ「帝」「皇帝」がいないのかという疑問にはやがて答えられるようにしたい。

日本が関わった対外戦争

▶「……戦争」・「……事変」・「……出兵」・「……大戦」などの名を年表からぬき出して記入しよう

年　組　名前＿＿＿＿＿＿

（　　　）年に発布　（　　　） 帝国憲法時代

（　　　）年に公布　（　　　） 憲法時代

	1899	1909	1919	1929	1939	1949	1959	1969	1979	1989	2019
年号											
戦争名											
主な相手国											
外国と結んだ同盟・安全保障条約											

▶気づくことや疑問は？

8 列強に追いつけ
──不平等条約をどう改正するか──

国旗と地図を活用し、欧米列強の帝国主義政策による世界各地の植民地化状況をつかむ。
列強に追いつきたい日本がどうやって不平等条約を改正するか。資料と教科書から考えていく。

1 列強の世界分割 ── 国旗と大地図と付せんで学ぶ

歴史学習でも地図帳を使う。イギリスの国旗が入った国旗を発見させよう。オーストラリア・ニュージーランド・フィジー・ツバル。世界大地図を展張してそれらの国に付せんをつけたい。

『なぜイギリスの国旗があるか』以前はその植民地であったからだ。『他にイギリスの植民地だった国は？』予想の後に④を配布。知っている国に○をつけさせる。カナダ・インド・南アフリカ・エジプト・ケニア…世界大地図に次々付せんが増える。『全植民地に対するイギリス本国の面積は何％か』（言いたい放題①）大きな正方形を板書して小さく□を記入。正解は0.7％であった。

『イギリスはアジア・アフリカなどを侵略して次々植民地を広げた。こういうやり方を漢字4文字で？』（該当ページを見る）「帝国主義」『19〜20世紀にかけての他の帝国主義国は？』（教科書などの世界分割地図を参照）米・独・仏・露である。『工業が発達して武力の強大なそれらの国を漢字2文字で？』「列強」『分割地図を見よう。フィリピンやハワイを植民地にした国は？』「アメリカ」フランスはインドシナやアフリカに勢力を広げていた。列強が世界各地に侵出したことを読みとらせたい。

2 ダンスで条約改正を‼ ── 鹿鳴館と欧化政策

『清も危ない。（アヘン戦争を想起）大日本帝国はどうすれば列強のように強くなれるか』（相談➡発表）「戦う」「勝てないよ」「清と協力して戦う」「武器を強くする」「富国強兵」『欧米列強に同じ仲間として認めさせることも大切だ。そのためにぜひ改正したいものは？』「不平等条約」

『どうやって改正に応じてもらうか。まず考えたのは「ダ○○」』（言いたい放題②）教科書で探すと鹿鳴館（明治16年建設）の絵で「ダンス」を発見。『西洋の習慣を身につけ、日本人を欧米人なみと認めてもらうためだ。このやり方を？』「欧化政策」それは西洋人にはどう見えたか。（⑧を投影。名磨行➡なまいき）「サルまねだ」『欧化政策は成功するか』「しない」内外から批判をあびて条約改正も失敗した。かたちだけ欧米をまねても、日本にはまだ憲法も議会もない時代であった。

『次に起きたのがこの事件だ』（©を提示）知っていることを発表。多くの生徒がビゴーの風刺画を記憶している。（仏人ビゴーは海面を平穏に描いて英国人船長の非道を強調。実際の天候は暴風雨。錦絵などに描かれている）船長以下25人の外国人船員は全員救助、日本人乗客25人は全員溺死。だが、領事裁判によってイギリス人船長は禁固3か月の軽罪で終わり国民の憤激を引き起こした。

3 条約改正で仲間入り？ ── 2つの戦争をはさんで

『では、欧米はいつ改正に応じたか』ここで①治外法権廃止（　　　）年－②外相（　　　）・③関税自主権確立（　　　）年－④外相（　　　）」と板書して教科書で調べさせる。（①1894（明治27）年の日清戦争の直前・②陸奥宗光・③日露戦争終了から5年後の1911（明治44）年・小村寿太郎）イギリスが日本を対ロシアのアジアにおける協力者と考え、結びつきを深める中で17年かけて改正が進んだのである。他の欧米諸国もそれにならった。

日本は条約改正に取り組む一方、清や朝鮮にどう関わるか。時間があれば脱亜論にもふれたい。

Ⓐ 日の沈まない国・イギリスの植民地はどれくらい？ ── 声に出して読もう

アイルランド、カナダ、バルバドス、トリニダードトバゴ、ガイアナ、エジプト、スーダン、ガンビア、シェラレオネ、ガーナ、ナイジェリア、ソマリア（一部）、ケニア、ウガンダ、タンザニア、マラウィ、ザンビア、ローデシア、ボツワナ、スワジランド、レソト、南ア共和国、モーリシャス、イエメン、オマーン、パキスタン、インド、バングラディシュ、スリランカ、モルジブ、ミャンマー、マレーシア、シンガポール、オーストラリア、ニュージーランド、フィジー、トンガ、セーシェル

[板書事項]

イギリス　0.7%

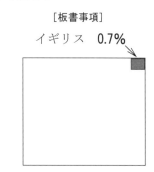

〈参考〉アジアを抜けよう（脱亜論）

　今の清や朝鮮を見ると、改革や進歩の道を知らないのでとても独立を守ることはできないだろう。では日本はどうするか。

　例えば、同じ町内の人たちが愚かで野蛮であれば、ある家の人が正しく行動しようと注意しても埋もれてしまう。今の日本には、清や朝鮮の文明が進むのを待って、一緒にアジアを発展させるゆとりはない。逆に、清や朝鮮の仲間から抜けて西洋の文明国の仲間に入り、清や朝鮮に対しても、西洋人がしているようなやり方で対応した方がよい。

　（明治 18 年『時事新報』社説、要約。福沢諭吉の作とされる）

Ⓑ

（ビゴー筆）

6月12日はバザー記念日　1884〈明治17〉年のこの日、上流婦人が鹿鳴館で最初のバザーを開き、その収益で日本最初の看護学校などが設立された。西洋の模倣だが、慈善活動のさきがけとなった。

Ⓒ

　江戸幕府は不平等条約をむすんだというが、外国人は横浜などの居留地に留まり、外出範囲も限定されてほぼ「出島」状態。事件の多くは限られた貿易商などとの間に起きた。（1872年に条約を見直すことも第13条に規定）

　外国船の往来が激増し、そこに多数の日本人が乗るなどの状況は明治になってからだ。当然事件は各地で多発し、そうなっても条約を改正できない政府の弱腰を人々は批判した。政府はそれをかわすため「もとは幕府のせいだ」と言ったのではないか。「幕府悪玉論」に乗せられて、明治の問題としてとらえる視点を忘れてはならない。

＊宮古島から学びあう「日露戦争」
──５人の男はなぜ荒海を渡ったか／発展学習──

１ 「久松五勇士」とは？ ── なぜ小舟で100km先の島まで行ったのか

　Ⓐを提示。「お菓子だ」「荒れた海を舟で進んでいる」「久松五勇士とは？」日露戦争の際、ロシアの大艦隊が宮古島近くを通ってヤマトへ向かうのを島の漁船が発見。だが宮古には電信局がなく軍に通報できない。そこで、久松地区の漁師５人が電信局のある石垣島まで小舟で知らせに行った。５人は手漕ぎで荒波を乗り切った。「久松五勇士」はそれを記念した島の銘菓である。

　『どう思う？』「すごい」「勇気がある」『自分なら、100km先の石垣島まで小舟で行くか』　「行かない。死んだら終わり」「その時代なら行く」どちらの考えも分かる。実際には５人は命がけで石垣まで行き、島の人もそれを応援した。琉球王国時代とは明らかに違った行動であった。

　『琉球処分で沖縄県ができて26年後だ。５人はなぜ頑張ったのか』（相談➡発表）「日本になったから」「戦争の時だから」「ロシアに勝ちたいから」そう思ったのは５人だけではあるまい。ヤマトから遠く離れた島でも人々が日本軍に協力するようになったのはなぜか。まずは教育に目を向けたい。

２ 国のために働く島民を育てるには？ ── 沖縄県用小学校教科書を見よう

　『宮古ではいつ小学校ができたか』琉球処分から３年後の1882（明治15）年、２つの小学校がつくられ50人が入学した。日露戦争の前年には計19の小学校ができていた。

　『明治32年の沖縄県用教科書を見よう』（Ⓑを提示）「軍艦だ」日清戦争で清の艦隊を破った戦艦松島である。カタカナはその絵に併せて学ぶ。『島の子はどう感じるか』「かっこいい」「自分も乗りたい」「戦いたい」他には蒙古襲来（中国への勝利の強調）・日本武尊・紀元節・源為朝（その子が沖縄の中山王であるとの伝説に関連）などが載る。また、沖縄県の地理的重要性と、そこに住む臣民として国のために励む心構えが強調されていた（資料参照）。教育勅語を教わったのは言うまでもない。

　こうした教育を受けるとどんな考えの子が育つか。生徒の考えも聞いてみたい。この５人をふくむ島の青少年の多くは忠君愛国の大日本帝国臣民となっていった。

３ 宮古島と日露戦争 ── ５人の行動はなぜ教科書に載せられたか

　『では、島の青年は日露戦争に行ったか』「行った」『その通り。何人戦死したか』答えは20人。沖縄では徴兵令が25年遅れで1898（明治31）年に実施されたので、1894年の日清戦争に行った兵士はいない。しかし、日露戦争では戦場に動員され多数の死者を出したのであった。

　『島に残ったこの５人の平均年齢は25歳。彼らの気持ちを想像しよう』「戦争で死んだ人はかわいそう」「死んだ人に申し訳ない」「自分も何かしたい」一方、島民は戦勝祝賀会や提灯行列に熱狂した。

　『そうした中、沖縄の島々にはこんな通知が来ていた』（Ⓒを提示して指名読み）続いてⒹを提示。ロシアのウラジオストック艦隊が日本近海に現れて多くの船を沈めていたことが分かる。Ⓒの通知が出されたのはそれを防ぐためだ。これもまた、宮古の人々がロシア艦隊発見をすぐ石垣島に知らせた理由の一つと考えられる。日露戦争はヤマトからはるかに遠い宮古島とも深く関わっていた。

　『昭和になると、国はこの５人の行動を教科書に載せた。なぜだと思うか』（相談➡発表）さまざまな考えを発表させてまとめにつなげたい。地域の戦争教材をとらえ直して時代の中に位置づけ、その背景を探って自分の考えをつくる力を育てたい。この授業はそのための私案の一つである。

　　※宮古島に関する記述は、すべて市史編さん委員会編『宮古島市史』第1巻 通史編による。

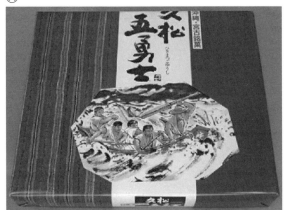

Ⓐ

〈参考〉

久松五勇士顕彰碑（宮古島）

Ⓑ

沖縄県用尋常小学読本　文部省　明治32年

〈参考〉沖縄県用小学読本 巻六 最後のまとめ（要約）

　沖縄はわが国のいちばん南の地であったが、今はその南の台湾もわが領土となったので、沖縄は、九州と台湾との間にあって大変重要な地となった…われわれは今から後もいよいよはげんで、大日本帝国の勢いを、新高山（台湾にある富士山より高い山）よりも高くするよう努めなくてはいけない。

Ⓒ

ロシア艦隊を発見したら報告を

　ウラジオストックを出た３隻のロシア軍艦は津軽海峡を通って南へ向かったらしい。沖縄の近くにあらわれるかもしれないので十分注意するよう電報があった。特徴を知らせるので、もしもロシア艦隊を発見したらその進む方向などをただちに報告するように。

　　　明治37年７月23日
　　　　　八重山島庁より波照間村へ
　　　　　　　　（『竹富町史』第十巻 資料編）

Ⓓ

ロシア・ウラジオストック艦隊の活動
（『日露戦争』学研歴史群像シリーズ㉔）

9　日清戦争と朝鮮・台湾
──東アジアを戦場に──

> 小6での学習を想起し、日本軍がどこで戦ったかを調べて日清戦争の広がりをつかむ。下関での講和の後に東アジアにどんな変動が生まれるかを考えて、次に起きることを予想する。

1　小6の学習を発展 ── 日本軍はどこで戦ったか

　拡大した④を黒板に貼付。「あ〜、知ってる」「中国人もいるよ」『どこにどんな人がいたの？』『人以外に何がいたの？』　予想が出たら教科書でこの漫画を探して確認。小6での授業が想起され自然に中学の学習につながる。当時の日・清・露・朝鮮の関係を説明させ日清戦争の構図を理解させたい。

　『なぜ清はのんびり顔で日本は怖い顔？』　魚（朝鮮）は清の方を向き、清も魚にエサを与えていた。『この対立から1894（明治27）年に日清戦争が起きた。**日本と清はどこで戦ったと思うか**』（予想を教科書の地図で検証）「日本では戦争してない」「朝鮮が主」「中国にも行った」「台湾へも‼」日本軍が、朝鮮を中心に広く東アジア地域で戦ったことをつかませたい。

　『普通、戦争なら相手の国を攻めるか自分の国が攻められるね』「はい」『**では、日清はなぜわざわざ朝鮮で戦ったの？**』　つぶやきを受けて教科書をチェック。甲午農民戦争を抑えられない朝鮮政府が清に助けを求め、日本も出兵して戦争になったのであった。「逐滅倭夷　尽滅権貴」（日本などの外敵を追い払い権力者や金持ちを滅ぼす）が農民軍の目標だ。日本軍はまず朝鮮王宮を占領し、清軍とも戦闘。朝鮮農民軍を打ち破った際には万を越える農民が犠牲となった。（大谷正『日清戦争』中公新書）

2　下関条約から三国干渉へ ── 日清両国はどう動く？

　『清の領土へどこまで攻めこんだか』（地図参照）「遼東半島」ここで清は降伏。日本と講和（戦争終了の話し合い）した。『講和の場所は勝った国か負けた国か』「勝った国」「日本」『日本のどこで？』「下関」『だから条約の名は？』「下関条約‼」『**条約で決めた第一は？**』　少し考えさせて⑧を示す。第一は「独立」という名目で朝鮮を清から切り離すことであった。続いて他の条項も読む。

　『**台湾の人たちは日本に従うか**』　従わずに台湾民主国の独立を宣言し、約5万人の日本軍と戦う。日本は占領終了までに4642名の戦死・病死を出した（藤村道生『日清戦争』岩波新書）。『**では、遼東半島はどうなるか**』　教科書でチェック。ロシア・ドイツ・フランスの三国干渉により清に（4500万円で）返還したことが分かる。下関条約調印の6日後、清と連携した三国のすばやい行動であった。

　『清はその遼東半島をどうするか』半島先端の旅順をロシアに貸し、ロシア領内からそこまで鉄道を引く権利も与えた（代わりに得たお金を日本への賠償金の一部とする）。日本の侵出を他の外国の力で止めるその戦略にロシアも乗る。大日本帝国の前には、清よりさらに強大な敵国が現れた。

3　独立門と征露丸 ── 次に起きることは？

　ここで一転、©を示す。『独立門と言う』（観察）『どこの国にあるか』答えは韓国である。清の支配を脱した朝鮮は1897（明治30）年に国号を大韓帝国と改め、国王は皇帝となる。この門はその年に国民の募金で建てられ、清にも日本にも左右されない真の独立をめざす決意を示していた。

　『では、日本では？』（現物の正露丸を提示）「知ってる」「ラッパのマーク」『昔は？』（⑩を提示）「正でなくて征」日清戦争では戦死1415人に対して病死は1万1894人。それに備える軍用の腸薬を征露丸と名づけたのは、ロシアへの国民の強い反感を示す。次の戦争は目前に迫っていた。

Ⓐ

（ビゴー筆）

Ⓑ **下関条約の主な内容**

1　清は朝鮮を独立国と認める。

2　清は、遼東半島・台湾・澎湖諸島を日本に譲る。

3　日本が戦争に使ったお金の賠償金として２億テール（約３億１千万円）を支払う。

4　清にある４つの港を貿易港として開き、日本の汽船の入港を認める。

※　日本が使った戦費は２億円なので１億円以上のプラス。得た賠償金の 80 ％が軍備に使われた。

〈参考〉虎が描かれた台湾民主国国旗

Ⓒ

Ⓓ

※上の写真は広告。左のパッケージにあるラッパのマークは軍隊で使われたものを図案化。

戦後、昭和20年代中ごろに「国際信義の上で好ましくない」と当時の厚生省が製薬会社に指導して「征」が「正」に改められた。

〈参考〉清の兵隊の実情

多くは畑からまっすぐに連れて来られたばかりの者や、街角から集められてきた体のじょうぶな乞食などだ。

１、２週間の訓練を受けては前線に送り出された。

これまで鉄砲を見たこともない若者の手に小銃が渡され、多くの者は旧式の短い刀と長い木の槍で武装された。

（クリスティー『奉天三十年』上巻　岩波新書・要約）

＊ 人頭税廃止をどう実現？
──沖縄・宮古島民の願いと明治の政党政治／発展学習──

はじめに ── 明治の政党政治学習をどう身近にするか

　ある教科書には「日清戦争後には、国内政治の安定が図られるなかで、政党の力がしだいに大きくなりました」との記述がある（教育出版『中学社会 歴史』2015年）。続いて1898年の憲政党結成や政党内閣の誕生（大隈首相）、立憲政友会の成立に進むが、抽象的で興味が湧かない。

　ならば、地域から教材を発掘して「臣民」の側から明治の政党政治を次のように学びたい。

> 〈ねらい〉宮古島民が、苦しい生活を改めるため臣民がもつどんな権利を使ってどう人頭税廃止運動を進めたかを知る。明治の政党がそうした動きに応えて力を伸ばしていった背景を理解する。

1　宮古島を探せ ── 明治時代の島民の願いとは？

　『日清戦争直前、沖縄県・宮古島の人々の訴えが社会の注目を集めた。**宮古島はどこにあるか**』教室前面に日本大地図を掲示、島の位置に付せんを貼らせる。地図帳でも島を赤く着色させたい。

　『気づくことは？』「小さい」「遠い」「中国の近く」日清戦争の年の島民数は35440人であった。『主食は何か』米だ。いや、麦かも。中国に近いから麺だ。沖縄特産のサトウキビではないか。さまざまな意見が出たところで㋐を配布して指名読み。驚いたところに線を引かせたい。

　『主食は？』「イモ」なぜそんな生活を？『原因の一つはこれだ』（人頭税と板書）どんな税か。字から内容を予想させ補説を加えたい。

2　願いをどこへ訴えるか ── わずかな手がかりは大日本帝国憲法に

　この税は地租と違って耕す田畑の広さに関係ない。住む村を上中下に分け、さらに15歳〜50歳の男女を4段階に区分して頭割りで課す物納税だ（『宮古島市史』第1巻）。当然、その負担は貧乏であるほど重くなる。地租改正などどこ吹く風、島ではそうした古い習慣をまだ島役人が続けていた。

　「アワなどの物納をやめ、現金収入の得られるサトウキビの栽培を増やして豊かになりたい」そう考える多くの島民たちは次の3つを島役人に訴えた（『宮古島市史』第1巻）。

　①島役人の数を減らして島民の負担を軽くせよ。②人頭税をなくして地租で税を納めるようにせよ。　③物ではなくお金で税を納めるようにせよ。

　『島役人はこの訴えを聞くか』「聞かない」県庁に訴えても島役人の妨害で効果なし。『**ならば、この訴えを実現するにはどうするか**』（相談➡発表）「一揆だ」「犠牲が出るよ」「負ける」「他へ訴える」「どこへ？」「国へ」当時の宮古島には飛行機も電話もない。そんなことができるのか。

　リーダーたちは内地出身の支援者とも相談。すると、4年前にできた大日本帝国憲法には島民が活用できる規定があると分かった。（㋑を電子黒板等で提示・指名読み）

　『**国会に訴えることが？**』「できる」「憲法にある」臣民とは、天皇の家来の民という意味だ。『国会のある都市は？』「東京」地図でたどると宮古島から何と遠いことか。訴えを提出するにはそこまで行き、国会に働きかけ、結論が出るまで待つ必要がある。できるだろうか。

　島民たちは4人の代表を選び、わずかなお金を出しあうなどして旅費をつくる。4人が那覇を経て東京についたのは1893（明治26）年の11月3日。多くの新聞が報道する中、12月には立憲改進党の議員高田早苗（埼玉県選出）の紹介で請願書を衆議院に提出した。『さあ、その結果は？』

3 選挙権はいつヤマトなみに？── まだまだ続く県民の努力

　大隈重信（この5年後に首相に就任）なども支援し、1895（明治28）年1月の議会で請願は全員一致で採択。1903（明治36）年には政府によりついに人頭税は廃止された。

　宮古島民を他の臣民と平等に扱ってほしいとの要望は当然であり、四民平等の方針とも一致する。その実現のために4人は多くの島民を代表して憲法で認められた権利を活用した。だから何の罪にもならない。政党はそうした国民の願いに応える中で力を強め、政党政治の基礎を広げていった。

　「日清戦争後には、国内政治の安定が図られるなかで、政党の力がしだいに大きくなりました」との教科書の記述は、例えばこのような事例を通して具体的に学習させたい。

　『では、4人はなぜ埼玉県の議員に頼んで沖縄の議員に頼まなかったのか』（3択）

　①沖縄の国会議員は人頭税廃止に反対だったから。　②沖縄ではまだ国会議員がいなかったから。③4人が東京へ行った時、沖縄の議員は沖縄にいたから。

　正解は②。沖縄本島などで衆議院議員（定数2）を選べるようになったのは1912（明治45）年である。宮古・八重山の人々が投票できるのは1919（大正8）年からだ（定数は5に増）。男子普通選挙制の実現はそのわずか6年後であった。（北海道では1903＝明治36年）

　つまり、沖縄がヤマトと同じように選挙権を持つまでには長い時間がかかった。そこで沖縄では、謝花昇などによって明治30年代から民権運動がすすめられ、参政権の獲得なども主張された。沖縄にとって選挙権は降ってわいたものではなかった。授業の最後にはそのことも押さえておきたい。

Ⓐ　島での生活の様子

　普段はみなサツマイモを食べていて、豊かな者もアワを食べるのはお祝いの時だけだ。味噌を持つ者は島民の4分の1。他の人は海水に真水をまぜ、イモの葉やつる・海藻などを煮て食べている。醤油など口に入ることはない。

　衣服といえば夏は芭蕉布1枚、冬は破れた木綿の着物が1枚だけ。はなはだしい場合は、1枚か2枚の夏衣を家族が交代で着ている。家は丸太で作り屋根は草。茅を編んで周りを囲う。

　床は土のままで、むしろを敷いてある家はめったにない。

（『沖縄県宮古島々費軽減及び島政改革請願書』
より要約）

Ⓑ　大日本帝国憲法にある臣民の権利〈要約〉

第30条　日本臣民は、必要な礼儀を守り規則
　　　　に従って請願（訴え）することができる。
第50条　国会は臣民が提出する請願書（訴え
　　　　の文書）を受け取ることができる。

鏡原馬場と人頭税廃止百周年記念碑

　ここでは教科書にある「政党政治の基礎」に関するわずか7行の記述を深めていく。臣民とされ、多くの権利が「法律の範囲内」に制限される中、ともかくも認められた請願権を使って小さな島の人々が政党を動かして自らの願いをどう実現するか。栃木県選出の衆議院議員・田中正造の活動は本時の延長として扱いたい。

10 日英同盟から日露戦争へ
── 主戦論対非戦論 ──

> 義和団事件の背景には列強の中国分割の進行があることを知る。さらに、各列強の立ち位置をつかんで日英同盟から日露戦争への経緯を理解し、主戦か非戦かを学びあって自分の考えを持つ。

1　兵隊さんの背比べ ── 日英はなぜ同盟を？

　『1900（明治33）年に清で撮影した』イギリス兵以外を隠してⒶを投影。兵士の国籍と動員数を確かめ、順次右へ明らかにしていくと活発に反応。『分かることや疑問は？』（相談➡発表）「多くの国の兵がいる」「身長はイギリスが最大・日本が最小」「数は日本が最大」「なぜ清に８ヵ国の兵が集まったか」「何かが起きた」調べると、義和団の人々が「外国人を追い出せ」と叫んで立ち上がって北京の各国公使館を囲み、その排除のため８ヵ国が出兵したことが分かる。

　『なぜ義和団は外国人を攻撃したか。教科書にある関係地図を読んでその理由を見つけよう』列強の中国侵略と分割の様子が一目瞭然。義和団は清政府の支援を受け、この現状を変えるため戦って敗北した。（義和団事件）清はこの後、さらに国の力を弱めていった。

　『８ヵ国の中でいちばん激しく戦ったのは？』「日本」『ロシアの中国侵出を防ぐため、この日本の力を利用したい国が８ヵ国の中にあった』「イギリス？」『日本もロシアと戦うには強い国を味方にしたい。そこで結ばれたのが？』　1902（明治35）年の日英同盟であった。（参考資料を参照）

2　日露戦争の構図 ── 両国はどこで戦ったか

　『誰がどの国を表しているか』（Ⓑを提示）左から露・日・英。最も右は、ロシアを抑えるため日本を資金援助したアメリカであった。気づきを言わせ相互の関係を確かめたい。『その結果1904（明治37）年に始まった戦争が…』「日露戦争」『日本とロシアはどこで戦ったか』　予想を受け、席の左の者は教科書の日清戦争地図、右の者は日露戦争地図を出してペアで対比。全員が活性化する。主戦場は遼東半島や満州（清の領土）に移り日本海でも戦う。戦場の広さを九州と比べたい。

　『日清戦争では24万人を動員。日露戦争では』（間を置く）『109万人。ロシア側は200万人だ』

　国内では「ロシアを倒せ」の主戦論がわき起こったが、キリスト教徒の内村鑑三・社会主義者の幸徳秋水などは非戦論を主張した。『開戦後、「君死にたまふことなかれ」と戦場の弟によびかけた詩を発表した人は？』「与謝野晶子」

　教科書などで日清・日露の戦死者数や軍費の比較表を読ませ、20世紀になると戦争の規模や被害が飛躍的に増大したことを理解させたい。（なお、日本軍は戦争末期にカラフトも占領している）

3　君はどちらの論に賛成するか ── 記述で高める論理と思考

　『ならば、君は主戦論・非戦論のどちらに賛成か』　数人にかんたんに意見を述べさせる。続いて©を配布してそれぞれの主張を指名読みさせ、「私は〈　　〉論」として考えを記入させる。時間は６〜７分程度。資料を見てもよい。紙が足りない場合は余白や裏面に書かせたい。

　『相手の主張を批判して書けたらＡ評価。100％賛成できない時は、「●●論（●％）」と記入しよう』論理的に主張を組み立て、深く迷いながら自分で考える力をここから育てたい。

　最後は主戦論・非戦論各１名に発表させて全員分を回収する。まとめて後日配布し、着眼点や論理展開の優れた点などを互いに学びあわせたい。

Ⓐ

イギリス	アメリカ	ロシア	（インド）イギリス植民地（イギリスに含む）	ドイツ	フランス	オーストリア	イタリア	日本
10653	5608	15570		8101	7080	429	2545	21634

〈参考〉日英同盟（要約）

第1条　イギリスは清に、日本は清と韓国に政治や商工業の利益を持っている。
　　他の国がそれを奪おうとすれば日英はその利益を守るために対応する。

第3条　もし日英どちらかが他国と戦争した時に、別の国が相手側に加わったら、日英は共同して戦うこととする。

Ⓑ

（ビゴー筆）

Ⓒ

　　主戦論（東大・戸水博士など）

　　もしロシアが満州を占領すれば、次は朝鮮をねらってくる。では、その次にねらわれるのはどこか。日本である。
　　戦争自体は決してよいことではない。だが、今やらなければ国民は後になってもっと悲惨な目にあうことは明らかだ。
　　手おくれになる前にロシアと戦え。

　　非戦論―幸徳（　　　）・内村（　　　）

　　「戦争のため」のひとことで6260万円のお金が特別に集められた。これは国民の大きな苦しみだ。勝つとは限らない戦争で、死んだり傷ついたりして不幸になるのは国民であり、得をするのは一部の偉い人だけだ。今、農村は働き手を兵隊にとられて荒れ果てているではないか。

◆私は〈　　　　〉論　（　　）％　　　　　　　　　　名前（　　　　　　　　　）

＊「主戦論対非戦論」からどう学びを深めるか
──発展学習に向けて──

1 何に着目して評価するか ── つなぐ言葉から論立てをたどる

> 〈主戦論〉 戦争は、よくないし、お金もかかる<u>けど</u>戦わないで植民地にされてしまって<u>から</u><u>では</u>遅い。植民地になって<u>しまえば</u>、もっと貧しくなってしまう。朝鮮などを取られてしまって<u>からでは</u>、戦いにくくなっていく<u>ばかりだ</u>。　（詩乃）

> 〈非戦論〉 なぜ、非戦論なのかというと、<u>もし</u>、ロシアと戦争したなら、日清戦争の時より、税もふえるし、明らかに犠牲者もふえる<u>ので</u>、国民の生活はとても苦しくなる。<u>しかも</u>、戦争に<u>勝てば</u>それなりに利益があるが、国民のとくにはならないし、<u>負ければ</u>、何にもならないから。　（健）

　詩乃さんはまず①戦争はよくない、②お金もかかるとその問題点2つを挙げる。だが、彼女はそれに対して「植民地」という既習知識を対置し、そうなると戦争以上の問題が起きるという。ならば、やる以上は朝鮮を占領される前に戦うべきとするのだ。

　つまり詩乃さんは、第一に相手側の主張をふまえ、第二に戦争＜植民地という対比の上に相手の主張を退け、第三に、朝鮮占領という次の事態を想定して判断を補強する。さらに第四に、「けど」「からでは」「しまえば」「からでは」「ばかりだ」との言葉を使って流れるようにその論を進めた。

　国と国との関係を中心にわずか二行半、しかしそこには以上4つの優れた着眼点がふくまれる。本人も気づかないその「宝」を掘り出し評価するのが教師の役割ではないだろうか。

　一方、健くんは想定されるロシア戦を日清戦争と比べ、①清＜ロシア、②そのため犠牲も税も増加、③したがって国民はさらに苦労するとの論立てを行う。しかもその立論の上に勝利・敗北それぞれの場合を想定し、勝っても敗けても利益は国民に渡らないと結論づける。

　国民を視点として第一の論の上にさらに第二の論を展開し、しかもそこで二つの可能性を想定して論をまとめる。ここに健くんの「二段論法」の優れた点があった。どの生徒の論にも必ず良さがある。私は生徒のコメントを以上のような点に着目して評価し、本人や他の生徒と共有していく。

〈詩乃さん ── 国と国の関係で思考〉　　　　〈健くん ── 国民を軸に国との関係を思考〉

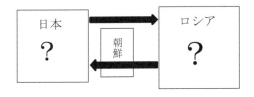 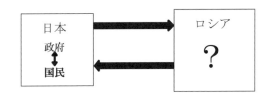

> 　詩乃さんは、日露の関係を軸に朝鮮を加えて考えを進め、健くんは国民を軸に日露関係を考える。2国関係か3国関係か。「国民」が見えるかどうか。両者は自分にない視点を互いに学びあう。
> 　生徒は資料と対話し、教師はその生徒の文章を分析して対話し、生徒間の対話を深めるのであった。

2 ミニ調べ学習はどうしたらうまくいくか ── 予想を調査課題に置きかえて身近な資料を活用

　生徒の意見は対立すると同時に補いあう。非戦論対主戦論の討論授業を行うと、戦争後の動向に関わって6つの共通予想が出された。検証しくい予想は調べやすい課題に次のように置きかえたい。

＜みんなの予想＞　※下線は筆者による。　　　＜調査する課題＞

1　韓国にのり出してロシアが来るかを見張る → ① 1905 ～ 19年ごろまでのロシアの動きを調べる
　　（韓国がいやだと言えば出ていかない）　　② 1905 ～ 19年ごろまでの韓国の動きを調べる

2　ロシアはまた来るから戦争を準備しておく → ③ 1905 ～ 19年ごろまでの社会の動きを調べる
3　与謝野晶子のような非戦論の人も主戦論の人
　　もいるので国会を開いてどうするか決める → ④ 1905 ～ 19年ごろまでの国内の政治を調べる

4　ドイツとも同盟してロシアにかなわないと思わせ戦争を防ぐ　⑤イギリス・ドイツ・ロシアと日本
5　イギリス＋ドイツと同盟を結んでロシアとまた戦争する　　　　の関係を19年ごろまで調べる

6　ロシアは南下してくると思うので戦わずに降参する　　　　⑥日中関係も調べてはどうか

　くりかえせば、予想そのものは検証しない。日露戦争後の国々の行動、また国と国との関係を調べる学習にそれを置きかえるのだ。用紙はＡ４判２分の１。誰もが１時間の授業内で取り組める。

　①ではロシア革命にぶつかり、他国でも政府⇔国民の関係で政治が変わることを知る。②では韓国併合と3・1運動に出あう。③では成金や米騒動、④では護憲運動や大正デモクラシーを知る。⑤では日英同盟を理由に第１次大戦でドイツと戦い、シベリア出兵でロシアに干渉したことが分かる。

　⑥の21か条要求や5・4運動はいわずもがな。ロシアは南下せず逆に日本が北上して朝鮮・中国・シベリアへの勢力拡大を進めたことが分かる。ここでの深化は予想と実際との「ずれ」から生まれる。

　生徒は調べたことを互いに学びあう中で、歴史を深く多面的に考えるようになっていった。

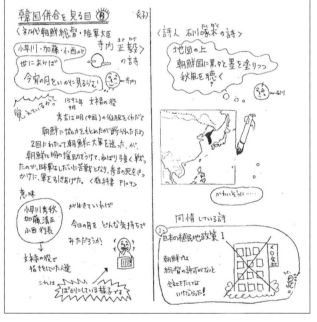

＜資料集にある寺内朝鮮総督と石川啄木の短歌を対比＞

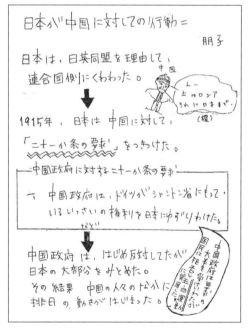

＜資料の要点を分かりやすくまとめ直す＞

※ 資料集と教科書だけを参照してＢ４判の２分の１の紙片に調べ学習をさせる。多くの本やネット資料を参照する前に、まずはそれら二冊を資料として十分消化する力を身につけさせたい。“調べ方”も知らないまま“資料の大海”に放りこんでも、生徒は溺れるだけである。

11 ポーツマス条約と日本
——大陸へ勢力を拡大する——

地図を手がかりに戦中・戦後の日露の状況をつかみ、ポーツマス条約の内容を理解する。大陸への日本の勢力拡大を略地図に表し、日本に関する夏目漱石の"予言"に対して自分の意見を持つ。

1 世界一長い鉄道と戦争 —— 講和はどこの国で行うか

『日露戦争に動員の日本軍は約100万人。ロシア軍は？』約200万人だ。最後の奉天の戦いにも約36万人が参戦した。『そんなに多くのロシア兵はどんなルートで満州に来たか』（地図帳のアジア全図を開いて相談）答えはシベリア鉄道である。「モスクワ➡チタ➡ウラジオストック」と板書してマークさせる。次は「チタ➡ハルビン➡ターリエン」をマーク。当時はこの支線を東清鉄道と呼んだ。

『日本軍はこの鉄道に沿い、ターリエン近くからどこまで攻め登ったか』（間）黙って「シェンヤン（奉天）」と板書。（地図で確認）「たったそこまで？」その時、日本軍死傷者はすでに24万人強。全兵力の４分の１弱の損害だ。だが、戦場は次第に日本から遠くなり、弾薬や食料の輸送も追いつかない。陸軍は奉天で敵を破ったが一歩も先に進めず、ロシア本国攻撃など夢のまた夢であった。

一方、海軍は遠来のロシア艦隊を打ち破る。『何という海戦？』「日本海海戦」これで日本は安全となるが、最終決着に至らないまま両国民とも膨大な軍事費で生活が苦しくなる。ロシアでは革命運動も始まった。『そこで日露共に講和を望んだ。どこの国で話しあうか』「日！」「露！」結ばれた条約名を見るとポーツマス。そこはアメリカだ。「なぜ？」米国大統領が間に入り、日露の顔を立てたのだ。米英が支援したにもかかわらず、戦争は日本の一方的勝利とはいえなかった。

2 講和条約で第一に決めたことは？ —— 日本の勢力拡大を略地図に表す

『条約の第１条で決めたのはどこの国のことか』（予想の後に⒜を裏返して配布。いっせいに開ける）「韓国だ!!」（次時に詳しく学ぶ）①～③の答えを合わせたら次の３つを問いたい。『賠償金は？』「ゼロ」『ロシアが失ったものは？』「南樺太だけだ」『この内容を日本の国民はどう思うか』

教科書を見ると、東京など各地で暴動が起きたとある。約８万８千人の戦没者を出した国民は賠償金ゼロという結果に満足せず、政府への批判を強めたのであった。（①満州・②遼東・③樺太）

『遼東半島や満州はどうなるか』遼東半島は日本が清から借り関東州として支配する。満州には南満州鉄道株式会社をつくって東清鉄道の大部分をゆずり受け、他にもさまざまな事業を始めていった。（⒝の内容を板書。その後の満州学習につながる基礎的知識をここで定着させておく）

3 漱石先生の「予言」とは？ —— 日露戦争後の日本を考える

『日本の「勝利」と勢力拡大を世界の人々はどう見るか』生徒の予想を聞く。フィンランドなど当時ロシアの支配下にあった国の人々は、当初日本の勝利に勇気づけられたという。イギリスの植民地であったインドの人々はどうか。ここで⒞を紹介。まずは前半の７行までを読ませて感想を聞く。

続いて、「ところが…」以下の５行を読ませる。後の初代インド首相・ネルーは、日本が列強のように植民地を拡大していく姿に大きな疑問を感じたのであった。

ここで⒟の画像を投影。「あ～、夏目漱石だ」知っていることを言わせる。漱石はその小説の中で日露戦争後の日本の未来を「予言」した。『漱石先生は、小説の人物に日露戦争後の日本はどうなると言わせたか』⒠を配布すると「滅びるね」という言葉に生徒は驚く。なぜ漱石はそう考えたか。相談➡発表の後に⒡を示して読ませる。『実際の日本はどうなるか』と投げかけて授業を閉じたい。

Ⓐ **ポーツマス条約の主な内容**

1　ロシア皇帝は、韓国に対する日本のさまざまな権利を認め、口出ししない。

2　①南（　　　　　）の東清鉄道と鉱山の権利を日本にゆずる。

3　②（　　　　　）半島を清から借りる権利を日本にゆずる。

4　カムチャッカ半島やその近くの海で漁業する権利を日本にゆずる。

5　③ロシアの領土である南（　　　　　）を日本にゆずる。

Ⓑ **板書案**

Ⓒ **インドから見た日露戦争－初代首相ネルーの思い出**

　アジアの1国である日本の勝利は、アジアのすべての国々に、大きな影響を与えた。私は少年時代、どんなに、それに感激したかを、おまえに、よく話したことがあったものだ。ヨーロッパの一大強国は敗れた。だとすれば、アジアは、ヨーロッパを打ち破ることもできるはずだ。"アジア人のアジア"のさけびが起こった。

　ところが、日露戦争のすぐあとの結果は、一握りの侵略的帝国主義国のグループに、もう一国（日本）をつけ加えたというにすぎなかった。そのにがい結果を、まず、最初になめたのは、朝鮮であった。

（ネルー『父が子に語る世界歴史』要約）

Ⓓ

Ⓔ **漱石先生の「予言」とは？**

－小説『三四郎』より

　「いくら日露戦争に勝って、一等国になってもだめですね…あなたは東京がはじめてなら、まだ富士山を見たことがないでしょう。今に見えるから御覧なさい…あれよりほかに自慢するものは何もない」

　三四郎は日露戦争以後こんな人間に出会うとは思いもよらなかった…「しかしこれからは日本もだんだん発展するでしょう」と弁護した。すると、かの男は、すましたもので、「滅びるね」と言った。

（1908〈明治41〉年、要約）

Ⓕ **続・漱石先生の「予言」**

－小説『それから』より

　日本ほど借金をこしらえて、貧乏ぶるいをしている国はありゃしない。この借金が君、いつになったら返せると思うか…

　日本は西洋から借金でもしなければ、とうてい立ち行かない国だ。それでいて、一等国を以て任じている。そうして、無理にも一等国の仲間入りをしようとしている…牛と競争をする蛙と同じ事で、もう君、腹が裂けるよ

（1909〈明治42〉年、読みやすく要約）

12 併合と革命
──東アジアはどう変わるか──

2人の少年を手がかりに韓国併合と義兵の戦いを学び、日本の植民地になると何が変わるかを調査する。辛亥革命の概要を知って、東アジア三国が20世紀にどう変化するかをつかみたい。

1　歴史の中の二人の少年 ── 韓国併合までの道をたどろう

　Ⓐの①を投影する。『かんたんです。**どちらが日本人でどちらが韓国人か**』全員に挙手で意見表明させる。『後悔しないね〜？』Ⓑ➡Ⓐの順で覆いを外す。「あ〜、Ⓐは伊藤博文だ」「それならⒷの少年が韓国人だよ」「何で韓国人が着物を着てるの？」「この少年は何者？」「なぜ伊藤博文が出てくるの？」本時前半のキーワードが生徒の側からどんどん出る。

　教科書などの写真や記述で確認すると、Ⓑは韓国皇太子（李垠・11歳）と分かる。伊藤は日本が保護国とした韓国の統監となってその外交や政治を支配し、李垠の教育にも関わった。そこで伊藤は、東京に呼び寄せた李垠と共に写真を撮ったのであった。

　『**では、同じ時代のこの韓国少年は何を持っているか**』（Ⓑを投影）「鉄砲」「リュック」リュックに日用品を入れ仲間と各地を転戦したのであろう。『疑問は？』「なぜ少年が銃を持つか」「韓国で誰と戦うか」ここで教科書を参照。韓国では、独立を守ろうとする人々が進んで義兵となり日本軍と戦ったことが分かる。彼もその一人であった。1907（明治40）年には323回であった対日戦闘数は翌08年には1451回に激増し、69832人の義兵が参加した（海野福寿『日清・日露戦争』集英社）。

　続く09年には義兵隊長であった安重根が伊藤博文を射殺。彼は「戦闘の一環なので捕虜として扱え」と主張したが死刑となる。伊藤は日本紙幣の肖像となるが安重根は韓国切手の肖像となった。『**伊藤の死後、韓国はどうなるか**』1910（明治43）年の韓国併合により日本の植民地とされた。

2　植民地とされた朝鮮では？ ── 政治・生活・教育のありさまを調べよう

　『併合により韓国は再び朝鮮とよばれた。**植民地となって何が変わるか**』予想後に主に次の3つを分担して教科書で調べる。その上で資料集の活用も可。結果を互いに教えあわせ、補説を加えたい。

　①政治はどうなるか　②人々の生活は？　③学校での教育は？　④その他（石川啄木の短歌など）

　（①朝鮮総督府が置かれ日本人の朝鮮総督が政治。②土地調査事業で土地を奪われ、日本や満州に移住する人も出る。③日本語や日本史・教育勅語を教えて天皇や日本への忠君愛国の心を育てる。）

3　孫さんは何をした？ ── 共和国・植民地・帝国の東アジア

　最後はⒸを提示。共に1字ずつ読んでいく。孫さんは、その誕生百年を中国が祝う人だと分かる。『**孫さんは何をしたか。教科書にはいるのかな？**』「いたー‼」「清を倒した」「辛亥革命を起こした」「中華民国をつくった」生徒自身がポイントを言う。本名は孫文。中山は彼の号であった。

　清は満州族が漢族を征服して建てた帝国だ。それを倒す際、彼は三民主義を主張して支持を集めた。どんな「民」かを確かめたい。『皇帝や王は？』「いない」そこで国名は中華民国。アジア最初の共和国だ。孫文は臨時大総統となる。3つの帝国があった東アジアは20世紀に入ると激変し、一つの共和国・一つの植民地・一つの帝国主義国が生まれたのだ。その相互関係の構図を板書したい。

　だが、孫文の後に大総統となった袁世凱は革命勢力を攻撃して権力を強めようとする。彼が死ぬと、中華民国の各地ではいくつもの軍事集団（軍閥）が勢力争いを行うようになっていった。

Ⓐ

①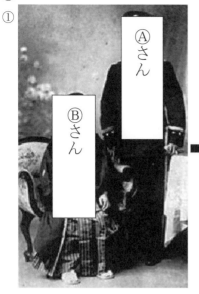

②

《参考》併合によって位を降りた旧皇帝一族は「李王」とされ、併合の際の約束によって優遇された。李垠は李王垠と名乗ってやがてこの家の当主となる。また陸軍の軍人にもなり日本の皇族の娘と結婚した。敗戦によりいっさいの特権を失うが、日本から韓国に帰国できたのは一九六三年。彼はその七年後に七二歳で世を去った。

Ⓑ

◆韓国皇太子に続き、義兵の少年に焦点をあてると…

義兵となった人々

〈参考〉安重根の切手

Ⓒ

資料をどう教材化? Ⓐをそのまま見ても驚かない。だが、一部を隠してどちらが日本人かを問うと全員が参画。それに対して義兵の群像写真は気づくことが多すぎ、発言は活発になるが散漫で深化しない。だが少年だけを拡大すると気づきから疑問が生まれる。隠す・焦点化は資料教材化の第一歩だと考えたい。

13 「糸」と「鉄」とSL
──日本の産業革命はどう進むか──

製糸と紡績の違いを知り、それら軽工業が貿易に果たした役割をつかむ。機械化に伴って重工業や交通機関も発展して財閥も成長し、日清戦争後に産業革命が急速に進んだことを理解する。

1　製糸と紡績の違いとは？──「糸」の輸出と軍艦の輸入

「製糸・紡績」と板書して繭玉を提示。極細の糸を少し引き出す。（実物がなければ画像で説明）

『こうして生糸をつくる仕事は製糸？　紡績？』『製糸です。では、綿花などから綿糸をつくる仕事は？』（綿花を示し少し綿を引き出して撚る）『紡ぐので紡績です』『この工場はどちら？』（Ⓐを提示）鍋で繭を煮て糸を取るから製糸業だ。教科書などで機械化された紡績工場の写真も発見させたい。

『1882（明治15）年の日本の輸出額は3772円。97年は？』（予想）答えは1億6314万円。日清戦争を経て4.3倍強になった。ここで ▭▭▭▭▭ と細長く板書。『これを1897年の輸出品帯グラフとする。綿糸は何％かな？』（自由につぶやき）8％と書く。『生糸は？』34％と記入する。併せて全輸出品の42％を占める。「糸」は工女の汗の結晶であると同時に貴重な外貨獲得の主力であった。日清戦争後急速に発達した製糸業や紡績業は、製品が軽いので軽工業に入ることを押さえたい。

『アメリカなどへの輸出は生糸？綿糸？』生糸である。シルク（絹）ストッキングは欧米女性あこがれの高級品であった。『綿糸はどこへ輸出？』清や朝鮮などアジア向け（日用衣料）が多かった。

『こうして得た外貨で、政府は外国から何を多く買ったか』　　（間をおいてⒷを投影）この三笠など、日露戦争時の日本の戦艦6隻は全て輸入品。「糸」が軍艦に変わって戦争ができたのであった。

2　SLの台数はなぜ増えた？──日本の産業革命の進行

『こうして手工業に代わって機械工業が盛んになることを漢字4文字で？』「産業革命‼」多くの生徒が思い出す。紡績などの機械を動かすのは蒸気機関である。『産業革命が進むと軽工業に続いて何が発達するか。その理由も考えよう』　　（ペアや班での相談も可。難易度が高ければ『多くの機械の材料は何か』などと補足。）「機械は鉄でつくるから製鉄が発達」「原料や製品をたくさん運ぶから鉄道が発達」「船で輸出するから鉄でたくさん船をつくる」

『では、これは何か』（Ⓒを投影）「すごく増えてる」その通り。最初は10、40年後は2377。日本製もゼロから162に増加した。これは日本のSLの台数であった（石井幸孝『蒸気機関車』中公新書）。産業技術の発達、鉄道網の広がりはここから検証できる。『SLの燃料は？』「石炭」『すると次に発達するのは？』「炭坑だ」鉱業が発達し、さらに軍艦などの造船業も盛んになり、重工業中心の第2次産業革命が始まる。『大会社の力はさらに？』「大きくなる」三井・三菱などの財閥が成長した。

3　八幡製鉄所はなぜそこに？──日本・東アジアの地理とつなげて考える

『重い鉄は輸入より国産がいい。何が必要か』『製鉄所』『教科書で名前を確かめよう』「官営八幡製鉄所」『写真から分かることは？』「大がかりだ」『建設の費用は？』清からの賠償金を使った。

操業は日露開戦3年前の1901（明治34）年であった。『大工場は関東や関西に多い。なぜ北九州につくったか』　　（相談➡発表。燃料や原料に着目）近くに筑豊炭田の石炭があるためだ。また、原料の鉄鉱石は主に中国のターイエ（大冶）鉱山から運ぶため最短距離の地が選ばれたのであった。

『日本で産業革命が進むと労働者の数は？』「増える」彼らの生活はどんなものであったろうか。

Ⓐ これは製糸か紡績か

Ⓑ

三笠　長さ132m　乗員860名　価格は120万ポンド

Ⓒ

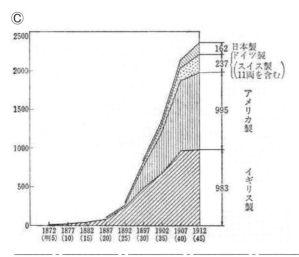

〈授業内容の構成〉

製糸工業　　　　紡績工業
　生糸　　　　　　綿糸
　　↓　　　　　　　↓
アメリカへ　　　アジアへ
（高級品）　　　（衣料）

（得た外貨で軍艦などを輸入）

まず 軽工業 が発達➡機械化

◆さらに何が？
　製鉄　鉄道　ＳＬ　造船　石炭
　　続いて 重工業 が発達

三菱・三井など－財閥も成長
日本の 産業革命 の進行（急速）

ベース・・・ 官営八幡製鉄所
　　　　　　　　　清・賠償金

◆なぜ北九州に？
　筑豊炭田　　近　中国の鉱山
　（石炭）　　　　（鉄鉱石）

◆労働者も増加－生活は？

　通販で実物を入手して演示　繭も綿花も知らない生徒が多い。ならば授業で実物を示したい。繭玉も綿花も通信販売でかんたんに入手できる。それらを使って演示しながら製糸（繭から糸を取る）と紡績（綿花や羊毛から糸を撚り出す＝紡ぐ）の違いを説明すると、どの子も興味深く見入る。
　絹製品や木綿布も提示するとさらに関心が高まるであろう。

14 「一等国」か「亡国」か
——社会問題の発生と労働者・農民——

> 「亡国」演説を手がかりに田中正造の働きと足尾鉱毒事件の概要を学ぶ。作業や検証を通して工女や農民の実態を知り、労働運動や社会主義思想の広がりに政府がどう対応するかを考える。

1　演説の背景を探る —— 近代最初の公害反対運動とは?

　義和団事件が起きた1900年、一つの演説が第14国会で行われた。(Ⓐを配布。音読させたい生徒を指名-適任者がいれば模擬国会ふうに演出しても楽しい)『もう一度自分で読み、知りたいところに線を引こう』(発表)「なぜ国が滅びたと思うか」「鉱毒とは?」「政府は何をしたか」「この人は誰か」正答が出ても『そうです』と飛びつかない。意見の一つとして聞きおき、他の意見も出させる。

　『いつ何が起きたか。この人は誰か。教科書で調べよう』(ペア)日清戦争前から日露戦争後にかけて、足尾銅山の有毒な排水が広大な田畑と川を汚染し農漁業に大被害を与えたことが分かる。それを許して被害民を殺すのは国を滅ぼしたことだと政府を追及したのが田中正造であった。公害反対運動の先駆といえる。先に聞きおいた正答はここで取り上げて評価する。(発言の後時評価)

　「銅は戦争に必要な砲弾や電線に使う➡鉱毒対策で生産が減れば戦争に不利➡負ければ国が亡びる」との政府側の「銅の生産拡大論」も示し、正造の「亡国論」と比べさせたい。

2　工場は楽しかったか —— 村の小作人のくらしとは?

　工場で働く労働者はどうであったか。1901(明治34)年の長野県205の工場の製糸工女は12519人。14歳から20歳未満が46%を占め他に14歳未満も17%。全体の63%が未成年であった(農商務省『職工事情』岩波文庫)。少女たちは、村を離れて工場と寄宿舎でほぼ1年を過ごす。『行く?』「いやだ」ここでⒷを配布。『工女の働く時間に斜線を引こう。気づくことや疑問も出そう』

　「働く時間が長い」計14時間20分である。「休み時間が短い」「食事はその時間にするの?」その通り。「自由時間や寝る時間が少し」これもその通り。工女吉野すえの談話を音読させよう。共感したところで後日調査の③④に予想数値を記入させる。正解は③も④も「90」と「0」だ。

　「何で〜?」生徒は驚く。『農村から来た少女たちはなぜそう感じたのか』(相談)予想を発表した後、教科書で農村の状況を調べる。狭い田畑を耕し収穫米の半分以上を地主に納める貧しい小作人が多かったことが分かる。食事は稗・豆・蕎麦が主。だが、工場では安くてもとにかく米を食べることができた。農作業は工場より苛酷で現金収入もない。長時間労働の工女は貧しい農村から生まれた。

3　労働者は何をする? —— 政府の対応と日本の針路

　『やがて労働者の行ったことを数字で書く。これは何?』「1897年 3510人・1907年 11483人」と板書。黒板に集中させる。「ストライキ」が正解だ(加藤文三『近代史のあゆみ』[1]地歴社)。『ストとは何か』と投げ返し、一斉に仕事をやめ会社に賃金アップなどを求める行動だと押さえる。

　『ということは、労働者が団結したことを示す。彼らは何をつくったか』「労働組合」『すると、資本主義を変えようという思想も広まる』「社会主義」『政府はどうするか』(相談➡発表➡教科書で検証)一方では工場法をつくって児童労働などをある程度規制する。だが、他方では天皇暗殺を計画したとする大逆事件を捏造し、幸徳秋水たち無実の社会主義者12名を死刑にした。

　さあ、大日本帝国はこれから一等国の道を進むのだろうか。それとも亡国の道を進むのだろうか。

日本は滅びてしまった。政府があると思うとちがうのである。国家があると思うとちがうのである。…政府が鉱毒をたれ流させておいて、人民を殺しているのは、国家を殺していると同じであります。

人民を殺し、法をいいかげんにして、これで国が滅びたといわないで、なんといえますか。

（ある国会議員の質問演説『亡国に至るを知らざればこれ即ち亡国』を要約）

〈参考〉足尾鉱毒事件のありさま ── 地図などで被害地域をさらに調べよう

　1878（明治11）年の秋、はんらんして一夜が明けた渡良瀬川には無数の魚が白い腹を見せて浮かび上がり、水面をびっしりと埋めた。だが、それを食べた者は次々と激しい腹痛や下痢に襲われる。また、水が引いた後の田畑では作物の育ちが悪く、ついには岸に強く根を張った竹さえも枯れた。足尾銅山から流れ出た水がふくむ有害物質＝鉱毒が原因であった。

　その後も鉱毒被害地は洪水のたびに広がった。1896（明治29）年は7月〜9月に川が3回もはんらんをくりかえし、被害はそのピークに達する。井戸水も汚染され、体をこわした母親から母乳が出ずに赤ん坊が死ぬことさえあった。　　　（吉村昭『公害のはなし』東京都公害局 をもとに構成）

Ⓑ 製糸工女の1日（明治34年6月 長野県）── 「仕事」に斜線を引こう

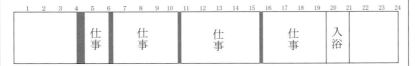

〈参考〉寄宿舎の食事

◆3月25日のおかず
朝　お新香
昼　菜っ葉の茎
夕　高野豆腐

◆3月26日のおかず
朝　お新香
昼　かんぴょう
夕　そら豆・千切大根

◆3月26日のおかず
朝　お新香
昼　麩（ふ）の生揚げ
夕　生魚（ぶり）

●ごはんは中国・朝鮮からの安い輸入米

（1901年の長野県の工場『職工事情』より）

　それは苦しいこともございました…それでも、暮れに帰って一年間働いたお金を渡したら、カカマ（母）はそのお金を抱きしめて声をあげて泣き出し、病気で寝ていたトトマ（父）はわざわざ起き上がって「すえ、ごくろうだったナ。ありがとう、ありがとう」そう言って、手を合わせて何度も頭を下げて礼を言ってくれました…あのときのカカマの顔を思うと、工場でどんな苦しいことがあっても、わしらはガマンできたのでございます。

── 吉野すえ　明治24年生まれ
（山本茂実『あゝ野麦峠』朝日新聞社より）

◆工女580人の後日調査
①労働　　楽 22 ％　　ふつう 75 ％　　苦しい　3 ％
②糸の検査　楽 0 ％　　ふつう 10 ％　　泣いた 90 ％
③食事　　うまい（　　）％　ふつう 10 ％　まずい（　　）％
④行ってよかった（　　）％　ふつう 10 ％　よくなかった（　　）％

◆導入を模擬国会ふうに行うと？

事前　係に「第14回帝国議会」と大きく板書させておく。適任者を指名。演技を指導。

　（響く声で。間を空けてゆっくり。左右を見渡す。机をたたく。）

導入　教壇を演壇に見立て、教師が登場。『私は議長の片岡健吉です。今から政府への質問演説を許可します。始めて下さい』

演説　「そうだ」「いいぞ」の掛け声。拍手を入れるよう全体に指示。議長は「静粛に」

15 国民文化の形成と教育の広がり
──今につながる明治──

応答や作業を通して、今に続く明治の文化を担った人への理解を広げる。言文一致体や「標準語」の普及により国民の一体感が生まれたことを知り、その基盤となった教育の広がりを学ぶ。

1 今につながる明治の文化 ── 想起を全体学習につなぐ

おもむろに問う。『吾輩は？』「猫である」『作者は？』「夏目漱石」『箱根の山は？』「天下の険」『神奈川県です』（笑）『作者は？』「滝廉太郎」『柿食へば？』「鐘が鳴るなり法隆寺」『作者は？』「？？」『正岡子規』生徒に聞くと、漱石の『坊ちゃん』を読んだ者もいる。鳩ぽっぽ・荒城の月・花など滝廉太郎の曲も歌える。明治の文化は今も中学生に生きていた。

『こうして国民が今も親しむ文化が生まれたのが明治です』（5千円札・千円札を提示）『明治の文学・美術・科学で有名な人の名をできるだけノートに書こう。作品や行ったことも書ければすごい』（文学・美術・科学と板書。社会科教科書は見ずに自由に相談。美術の教科書は参照OK。紙幣の人名も記述可）5分後、教師は巡回しながら1人物につき1生徒を指名して次のように学習をすすめたい。

個々の人物ごとではなく、文学・美術・科学の各分野ごとにまとめて解説すると時間が不足しない。野口英世についてはⒶⒷを紹介する。欧米から学んだ科学の成果を、海外侵略ではなく人類全体の福祉に役立てる姿勢は今も世界で評価される。

それもまた明治の精神であった。

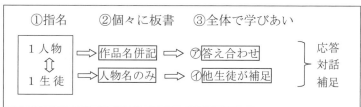

2 小説の文章はどう変わる？ ── 言文一致体と「標準語」の役割

では、明治になると日本語の文章はどう変わるか。ⒸⒹを配布して音読させ、比べて分かることを発表させる。「Ⓒは難しい。Ⓓは読みやすい」「Ⓒはマルがなくて読みにくい」『9年間に小説の文章はどう変化したか』「分かりやすくなった」「今に似てきた」「話し言葉に近くなった」そうした文章を言文一致体という。二葉亭四迷が1987年に書いた『浮雲』などがその始めであった。

『明治までは話す言葉も地方ごとに違っていた。何というの？』「方言」『共通の言葉ができると何がよいか』「他地方の人とも話せる」そこで「標準語」がつくられ国民の一体感が生まれる。産業の発展も軍隊の行動も植民地での教育も、「標準語」と言文一致の文章がなくては不可能であった。

3 教育はどこまで広がったか ── 女子大も幼稚園も

『国民は何を読んで言文一致の文を学んだか』「小説」『もう一つ』日刊新聞だ。漱石などの小説はそこに連載されて多くの読者に親しまれた。今で言えば朝ドラにあたる。『新聞を読める人がなぜ増えたか』「学校で教育された」『義務教育は何年になる？』日露戦争後、4年から6年になった。

『東京帝大以外の大学も増えた。明治時代にできて今もある私立大学は』明治・早稲田・慶応などの名が挙がる。『あの津田梅子がつくったのは？』女子英学塾、今の津田塾大学だ。1901年には日本女子大学校もできた。『幼稚園は？』1876（明治9）年に初めて東京にできたが、明治の終わり（1912年）には533に増えた。明治の国民文化はこうした教育の広がりの上に花開いた。

Ⓔのシートは本時の最後に配布し、復習用に活用させたい。（ここからテストに出題すると予告）

◆文章を比べて気づくことは？

Ⓓ夏目漱石　　　　　Ⓒ樋口一葉
『坊ちゃん』　　　　『たけくらべ』
（1906年）　　　　（1897年）

Ⓒ廻れば大門の見返り柳いと長けれど、お歯ぐろ溝に燈火うつる三階の騒ぎも手に取る如く、明けくれなしの車の往来には、かり知られぬ全盛をうらなひて、大音寺前と名は仏くさけれど、さりとは陽気の町

Ⓓ親譲りの無鉄砲で子供の時から損ばかりしている。小学校に居る時分学校の二階から飛び降りて一週間程腰を抜かした事がある。なぜそんな無闇をしたと聞く人があるかもしれぬ。別段深い理由でもない。新築の二階から首を出していたら、同級生の一人が冗談に、いくら威張っても、そこから飛び降りる事は出来まい。弱虫やーい。と囃し立てたからである。

Ⓔ　明治の文化について、関係する人物名を記入しよう。　　　　名前〈　　　　　　　〉

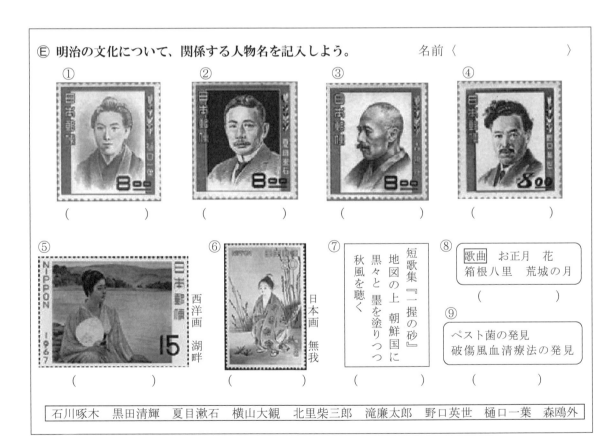

①（　　　　　）　②（　　　　　）　③（　　　　　）　④（　　　　　）

⑤ 西洋画　湖畔（　　　　　）　⑥ 日本画　無我（　　　　　）

⑦ 短歌集『一握の砂』
地図の上 朝鮮国に
黒々と 墨を塗りつつ
秋風を聴く
（　　　　　）

⑧ 歌曲　お正月　花
箱根八里　荒城の月
（　　　　　）

⑨ ペスト菌の発見
破傷風血清療法の発見
（　　　　　）

石川啄木　黒田清輝　夏目漱石　横山大観　北里柴三郎　滝廉太郎　野口英世　樋口一葉　森鴎外

Ⓐからは、エクアドルの国名と野口の名を読みとらせる。その上には「わが国を救った英雄」と記されているそうだ。Ⓑの野口像はある国の首都アクラに建つ。国名を当てさせよう。正解はガーナであった。遠く離れた南米・アフリカにある両国でなぜ今も野口を記念するかを考えさせたい。

16 世界戦争と総力戦
──列強が二つに分かれて──

第一次大戦で戦没者が激増した理由を考え、列強が二つに分かれて戦った理由をつかむ。砲弾をつくる女性の画像を手がかりに総力戦とは何かを学び、日露戦争の戦没者数との違いを知る。

1　戦没者数を比べると？── 第一次大戦の特質をつかむ

　1894・1904・1914と板書して、これは何かと問う。日清戦争・日露戦争・第一次世界大戦の起きた年だ。日本は10年ごとに「死」（4）に襲われたといえる。ここでⒶを提示。戦争での両国の戦没者合計であり、ほぼ10倍化している。『では、第一次大戦の戦没者は何人だと思うか』　240万人？　いやもっと多い・少ないとなったところでⒷを提示する。正解は1627万人であった。

　「なぜそんなに増えたの？」『なぜかなあ。理由を3つ考えよう』（生徒に戻す。相談➡発表➡教科書で検証）①多くの国が参戦し、②毒ガス・潜水艦・飛行機などの大量殺りく新兵器を使い、③長い間戦ったことが原因だと分かる。長蛇のような塹壕（トレンチ）に潜む兵士を戦車でふみにじり、毒ガスを霧に紛れて散布する。飛行機は戦場から離れた都市にも爆弾を落とし、潜水艦はふいに海中から魚雷を放って多数の船を無差別に撃沈した。

2　なぜ戦争は起きたのか ── 三国同盟対連合国

　では、どんな国々が戦ったのか。『教科書に当時のヨーロッパ地図がある。ドイツ側の国に斜線を引こう。気づくことは？』　「つながっている」こちらが三国同盟側の国だ。「敵の国にはさまれている」はさんだのは三国協商側の国で、バルカン半島➡トルコ➡中東へ力を伸ばすドイツを抑えていた。

　『ドイツ側は黙っているか』「いな～い」『では、どこで最初の衝突が起きたか調べよう』当時敵味方の国が入り乱れて「ヨーロッパの火薬庫」と言われたバルカン半島での一発の銃声がきっかけだと分かる。そこから、勢力を競い合う列強の間で5年間にわたる戦いが始まる。やがて協商側にはアメリカなど多数の国が加わり連合国側とよばれた。

　『日本は加わるか』「加わる」『どちら側？』日英同盟を理由に連合国側に属することとなった。

3　女性と砲弾 ── 戦争を支える力とは？

　『戦争中のある連合国の国内をみよう』（Ⓒを投影）「女が働いている」「つくっているのは大砲の弾だ」「重いよ」「爆発したら大変」『なぜ女が危ない仕事をするの？』「そうだよ。男にさせればいい」「男は戦争に行った」「人手不足」　発言を対話につなげたい。

　ここで「同盟国－25248321・連合国－42959850」と板書する。『これは何か』それぞれの兵士の数である。『兵士には何が必要か。できるだけ挙げてみよう』鉄砲・ヘルメット・靴・洋服・食糧等々限りがない。しかも何千万という単位で…さらに飛行機・軍艦・大砲・鉄砲・弾薬、その原料の鉄や火薬・布・ガソリンなども必要だ。それがなければ兵士は戦えない。

　『つまり、兵士だけ多くても戦争は』「できない」『では、全国民が全資源・全生産力を挙げて支える大規模な戦争のことを漢字3文字で』「総力戦」その一翼を担った女性の地位が上がり、イギリスでは30歳以上の女性の選挙権が1918年に実現した。『では、最大の戦没者を出した国はどこか』（Ⓓを配布）「ロシアだ。420万人もいる」そのロシアで何が起きるかは次に学ぶ。「日本は少ない。303人だ。なぜ？」なぜだろうか。それも後に学ぶことを告げて授業を終了したい。

Ⓐ

1894	1904	1914
日清戦争	日露戦争	第一次世界大戦
2.5万人	23.5万人	？

Ⓑ

Ⓒ

Ⓓ

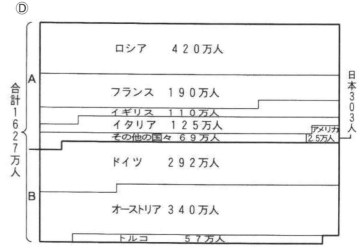

	合計1627万人	日本303人
A	ロシア 420万人	
	フランス 190万人	
	イギリス 110万人	
	イタリア 125万人	
	その他の国々 69万人	アメリカ 2.5万人
B	ドイツ 292万人	
	オーストリア 340万人	
	トルコ 57万人	

〈参考〉第一次大戦と私たち

　今も有名なホチキス社は、1分間に450発も発射できる新式機関銃を第一次大戦中につくってフランス軍に採用された。

　トレンチコートは軍人が塹壕で着用したことが起源である。各塹壕から一斉攻撃に移る際、時間調整のため腕時計が使われるようになったなど、現代につながるエピソードも紹介したい。

イギリス新兵募集ポスター

　Ⓐは交戦国双方の戦没者を合計した人数である。自校の生徒数や自分の市町村の人数と対比させたい。

　Ⓑでは、自県の人口や東京都の人口1385万人と比べて1627万人という戦没者の膨大さを実感させる。

17 ロシア革命とアメリカの台頭
── 世界はどう変わるか──

> 国旗のデザインをもとにロシア革命とソ連の成り立ちを学ぶ。戦争終了と講和を訴えるレーニンやウィルソンの提案を読み、戦後の世界には平和を守るどんな体制ができるかを理解する。

1　国旗のデザインから考える ── ロシア革命とソ連の誕生

　Ⓐを提示する。旧ソ連の国旗である。ロシアを主体とするこの国は1922～91年まで約70年間続く。ソ連は全陸地面積の15％を占める世界一の大国であった。『国旗をズームアップ。5大陸を表す星の下に何が描いてあるか』（Ⓑを投影）正解はハンマーと鎌。労働者と農民を表していた。

　『第一次大戦でいちばん死者が多かった国は？』「ロシア」「420万人」ここで「Ⓐロシア帝国──→Ⓑ第一次大戦──→Ⓒソビエト社会主義共和国連邦」と板書する。『知りたいことは？』なぜ・いつロシアがソ連になったか、戦争に関係あるか、などと疑問が出る。『ソ連の誕生は戦争に関係あるか』ある・ないで挙手。理由も聞き教科書で検証させる。1917年、ソビエトという組織に集まる兵士や民衆などの運動によってロシア帝国は崩壊。だが次の政府もドイツと戦争を続けたので、社会主義者のレーニンが武力で倒して労農政府をつくったことが分かる。これがロシア革命だ。

　レーニンは首相となりドイツと講和するが各地で反乱が起き、列強がそれを支援して出兵する。その内戦に勝ってロシア中心にソ連が形成された。ソ連は二つの戦争を越えてできた国であった。

2　レーニンとウィルソン ── 2人は何を訴えたか

　では、レーニンは何と言って世界大戦中止を訴えたか。続いて、アメリカ大統領ウィルソンが訴えたことは何か。『ⒸⒹを読み、大事だと思う部分に線を引いて発表しよう』　民族自決と世界平和の実現、そのための国際組織の設立や軍備縮小などの主張が世界に強い影響を与えたことを押さえたい。

　『二人はどこの国の人？』ロシア（後にソ連を形成）とアメリカだ。『あれ？列強の英仏独はないんだね？』戦争で消耗したのである。ロシアは新しい国となり平和路線に転じた。アメリカは参戦したが自分の国は戦場にならない。繁栄するアメリカはイギリスに代わる最強国家になっていった。

　『独立を認められたところは？』「ポーランド」「バルカン半島の国々」『アジアにも列強の植民地があったね』「インド」「朝鮮」「アジアが抜けてる!!」そのアジアで何が起きるかは後に扱う。

3　世界平和はどこまで実現？ ── ベルサイユ・ワシントン体制の成立

　『第一次世界大戦はいつ終わるか。何という講和条約が結ばれるか』ドイツが降伏し、1919年に関係国の間でベルサイユ条約が結ばれたことが分かる。『敗れたドイツの街角です』（Ⓔを投影）「捨てられたお金を掃いている」「本物？」「なんで？」物価が1兆2620億倍になった。日本で言えば1円が1兆2620億円になるほどお金の価値が減ったのであった。掃き捨てても惜しくない。

　『原因はベルサイユ条約にもあった。ドイツについて決めたことは？』　ドイツは全ての植民地と領土の一部を失い、さらに巨額の賠償金を支払うこととされた。そのため、国の経済が壊れてお金の価値がなくなったのであった。『レーニンの無賠償の主張は実現しなかったね。では、ウィルソンの主張した国際組織は？』「実現」「国際連盟」だが、アメリカは当初議会の反対で加盟しなかった。

　『軍備はどうする？』アメリカのリードでワシントン会議が開かれ、列強が協調して軍艦などの軍備縮小を決める。こうしてワシントン・ベルサイユ体制の下で世界はひとまず平和を回復した。

Ⓐ

Ⓑ

Ⓒ **レーニンの平和に関する訴え**（1917年）

　この戦争に疲れはて、苦しんでいる全ての国の労働者と政府に対し、今すぐ戦争をやめるよう訴えます。どの国も他国の土地を奪わない、どの国からも賠償金を取らない、どの国もすぐに停戦する講和を行いましょう。

　列強が弱い民族をどう分けあうかを争うこの戦争は、人類への最大の犯罪です。強大な国も弱い民族を併合する権利をもちません。

　私たち労農政府は近頃ロシア帝国が各国と結んだ秘密条約を全て公表し、それが他国の領土を奪うものであれば解消します。（要約）

Ⓓ **ウィルソンの14か条の平和原則**（1918年）

第1条　秘密外交をやめて講和の交渉を公開
第3条　どの国とも平等な通商を行う
第4条　軍備を減らす
第5条　植民地をめぐる問題は公正に解決
第6条　列強はロシアから軍隊を引きあげ、ロシアのことはロシア人が決める
第8条　ドイツがフランスから奪った地域はフランスに返す
第11条　バルカン半島の国々の独立を保証
第13条　ポーランドの復活・独立を認める
第14条　平和を守る国際組織を設立（要約）

Ⓔ

〈参考〉国際連盟事務次長となった新渡戸稲造

　Ⓔのような経済の混乱と苦しい生活を体験したドイツ国民の中には、ベルサイユ体制への強い批判とその現状を破るリーダーへの期待感が生まれた。

18 戦争にどう対応するか
──第一次大戦と日本・中国──

> 第一次大戦において日本軍がどこで戦ったかを考え、日本の領域が戦後どう拡大したかを確かめる。日本から中国への要求に対してどんな運動が起きるかを調べ、今後の展開に関心をもつ。

1 日本はどこで戦ったか ── 戦没者が少ない理由を知ろう

ここでも世界大地図を教室前面に広げて問う。『**日本は日英同盟を理由に第一次大戦に参加した。主にどこで戦ったか**』 有志が予想地域に付せんを貼って理由を述べる。全員が挙手で賛否を表明。正解は1カ所ではない。その一つは地中海であり、軍艦13隻が連合国輸送船をエスコートした。他にはどこか。Ⓐを個々に配布しておよそその地域に斜線を引かせたい。（教科書参照・相談可）

正解は①山東半島のドイツ軍基地（青島）・②南洋群島のドイツ植民地である。なぜ日本の戦没者が少なかったか。その理由は、激戦のヨーロッパ大陸に出兵しなかったからであった。しかし1918年には他の5か国と共同して③シベリアに7万5千人を送る。革命派のロシア軍と戦い、約5000人の死者を出したが得るものはなく4年後に引き揚げた。これをシベリア出兵またはシベリア戦争とよぶ。

では、第一次大戦が終わると①②の地域はどうなるか。①はワシントン会議の中で中国に返すこととなった。他国は日本の勢力をこれ以上中国に広げたくなかったのだ。②は国際連盟から委任統治領としてその管理を任され、事実上日本の植民地となった。

『**今まで日本が植民地とした台湾・朝鮮・南樺太・遼東半島も着色しよう。何が分かるか**』「北にも南にも広がった」それを発展の姿と見るか「牛の真似をする蛙」の姿（漱石）と見るか。意見を聞きたい。

2 芥川は中国の女学校で何を見たか ── 21か条の内容とは？

続いて『芥川』と言えば「龍之介」と返る。『蜘蛛の糸』や芥川賞で知る生徒も多い。彼が1921（大正10）年に中国旅行した際の体験談Ⓑを紹介する。（　　）に入る語句は？「日本」である。
『**では、なぜ女学生たちはこれほど「反日」になったのか**』「中国が煽った」「日本が先に何かをした」

第一原因は中国・日本どちらにあるか。教科書で調べると、大隈重信首相率いる日本政府が第一次大戦中の1915年に中国の袁世凱大統領に21か条の要求をしたことが分かる。列強はこのとき戦争中で、中国にまで手を出す余裕がなかったのであった。日本は、その隙をついた。

『**君たちは先生にいくつ要求が出せる？**』（自由放談）せいぜい10余りだ。21という数の多さが実感できる。ここでⒸまたは教科書の資料を読ませ、要求の主な内容をつかませたい。『**どう思う？**』「これでは賛成できない」「中国が植民地になる」『**どうやって中国に認めさせるか**』

1915年、日本は山東省と満州に計2万人以上の軍隊を動員して要求の多くを認めさせた。19年のベルサイユ講和会議では、中国が21か条取り消しを求めたが各国は応じなかった。

3 中国にはどんな動きが？ ── 五・四運動の広がりと二つの政党

『**中国の人々はどうするか**』「デモする」「日本と戦う」教科書で検証すると、1919年5月4日に北京の大学生たちが反対運動をおこし全国に広がったことが分かる。これが五・四運動であり、労働者のストライキや日本製品不買運動もその一環であった。

『**運動を発展させるためどんな政党ができたか**』 孫文が中国国民党をつくり、労働者などを中心に中国共産党もできた。それらの政党が力を伸ばす中で、日中関係はどうなっていくであろうか。

Ⓐ

（板倉聖宣・重弘忠晴『日本の戦争の歴史』仮説社に加筆）

〈参考〉各国のシベリア出兵人数

日本軍 73,000 人　　アメリカ 7,950 人
イタリア 2,400 人　　イギリス 1,500 人
カナダ 4,192 人　　　フランス 800 人
中　国 2,000 人

　（他の国は1920年8月までには全て軍
隊を引き揚げた。日本軍は22年10月ま
で戦いを続けた。）

Ⓑ 芥川龍之介・中国女学校訪問談（要約）

　「女学生たちはみな毛筆で数学の図形
の問題をやっている。鉛筆もペンもイ
ンクもノートも使わない。それらはみ
な（　　　）から輸入していたからで
ある。靴も中国靴しかはかない。

　あらゆる不便をがまんしながら、あ
くまでも抵抗を続けている。それは上
からの命令ではなく、女学生自身から
自然に生まれたものだ。その決意を見
たとき、芥川はもう少しで涙が出そう
になるほど感動したと言っていた」

（江口渙『わが文学半生記』青木文庫）

Ⓒ 21か条の要求（主な内容）

・ドイツが山東半島に持っていた権益は日本に
　渡す。

・関東州の旅順や大連・南満州鉄道を日本が借
　りる期間を99年間延長する。

・日本人が南満州やモンゴルの一部地域で自由
　に活動する権利や土地の所有権を認める。

・中国政府の政治・経済・軍事の顧問として日
　本人を採用する。

・中国最大の製鉄会社は日中合同で経営する。

・中国の一部地域の警察を日中合同とするか日
　本人顧問を多数採用する。

・中国の武器の半数以上は日本から供給する。

〈参考〉石橋湛山・小日本主義の主張
（要約）

　わが国の全ての問題の根は、大日本主
義という小欲にとらわれていることにあ
る。朝鮮や台湾、中国、満州、またシベ
リア、樺太等の少しばかりの土地や財産
に目をうばわれ、その保護やら取り込み
に追われている。

　では、これらを捨てたらどうなるか。
その時は世界の弱小国は日本に対して一
斉に信頼の頭を下げ、日本の国際的地位
は上昇する。

　今の時代、独立を求める他民族を武力
で押さえ続けることなど絶対にできない。

　これらの領有にこだわる大日本主義は
多くの費用を使っても逆に周りの異民族
に恨まれ、結局は国益を失う。彼らとの
友情を深め、平和的に貿易を行う小日本
主義こそが国の経済を発展させる。

　（石橋湛山は戦後、自民党から首相に選出）

19 独立を求めて
──高まるアジアの民族運動──

併合された朝鮮では人々が何を求めて運動したか資料をもとに学びあう。インドではガンディーがどんな方法で独立運動を進めたかを知り、アジアで民族運動が高まった原因を理解する。

1　よい国民になりましょう ── 朝鮮の子はどう感じるか

　『約100年前の教科書を読めるかな？』Ⓐを個々に配布して音読させる。『これはどこで使われたか』「日本語だから日本」「日の丸もある」「服を見ると朝鮮」」教科書の韓国併合のページを開き、併合後は同化政策により朝鮮全土で日本語教育を行ったことを再確認したい。Ⓐは総督府作成の教科書であった。紀元節は今の建国記念の日で、伝説上の最初の天皇が位についた日とされていた。

　「わが国」とは日本だ。併合は朝鮮側が望んだことで、朝鮮の子は「よい国民」となり大日本帝国に尽くすようにと書いてある。彼らは家では朝鮮語を話すが、学校ではこうした教育を受けた。

　『朝鮮の子の心の中を考えて吹き出しに書こう』　共通資料をふまえてどう各自の考えをつくるか。順応・疑問・迷い・悲しさ・怒り・反発…さまざまな意見を学びあわせたい。

2　併合9年目の大運動 ── 参加した人々の表情は？

　『併合9年目、朝鮮では何が起きるか』（予想➡教科書で検証）1919年の三・一独立運動の高揚が分かる。『人々は何をしたか』「独立宣言を発表」「独立万歳を叫んで行進」パリの講和会議にも代表を送り民族自決と独立を訴えた。『日本は認めるか』警察や軍隊の武力で激しく弾圧した。

　『朝鮮のどこで運動が起きたか』Ⓑの運動が起きた地域に着色させると、わずか2か月間に朝鮮の大部分に広がったことが分かる。教科書には、独立宣言発表に聞き入る人のレリーフや行進する女学生の写真などがある。その表情を観察させて発表につなぐ。生徒はそこに何を読みとるであろうか。

　『結果は？』独立は達成できなかったが、朝鮮語新聞発行を認めるなど若干の成果も得る。中国の上海では在住韓国人によって大韓民国臨時政府がつくられ、ソ連はこれを国として認めた。

3　非暴力と不服従 ── なぜガンディーは服を着ないのか

　次は一度教科書を閉じさせ、「ガンディー」と板書する。『聞いたことある人は？』挙手者に知っていることを発表させる。『鑑真ではない（笑）。職業は弁護士。どんなスタイルで写っているかな？』（思いつき発言）『教科書で探そう』「あったー!!」「何で〜？」上半身は裸。糸車で糸を紡いでいた。

　『当時のインドはイギリスの』「植民地」『その時代にガンディーはなぜこの写真をPRしたか』

　インドの綿花はイギリスで綿織物にされ、インドで売られたことを想起させる。ガンディーは、その綿織物などの不買運動でイギリス側に打撃を与えることをよびかけた。イギリス製品の代わりにインド製品を使おう。なければ自分たちでつくろう。これが国産品愛用運動（スワデシ）だ。ガンディーはそれをスワラジ（民族自決・自治）につなげてインドを独立させようとした（スワデシ・スワラジ）。イギリス製の布を身に付けない彼の1枚の写真には、こうした背景があったことを理解させたい。

　続いて「非暴力・不服従」と板書したい。武力で抵抗せず、だがイギリスには決して従わないという意味だと確認する。これがガンディーたちの方針であった。早口で3回唱えさせたい。

　『この時代のインド・朝鮮・中国に共通することは何か』　（ノートに記入）各自の考えを発表させて補説を加え、本時のまとめとしたい。では、同時代・大正期の日本では何が起きるのだろうか。

第二十　國旗

この繪は紀元節に家家で日の丸の旗を立てたのを、子供たちが見て、よろこばしそうに話をしている所です。

どこの國にもその國のしるしの旗があります。日の丸の旗は、我が國の國旗でございます。これを國旗と申します。

〈小学4年　修身書〉

第二課　我が國（其の二）

朝鮮人中にも國利民福のため、日本との合併を望むものが盛んに出て來ました。そこで韓國皇帝は統治の權を天皇に讓つて、帝國の新政によつて、さらに國民の幸福を增すことをお望みになり、天皇も亦その必要をおみとめになりましたから、明治四十三年八月つひに日本と韓國と合併するやうになり、こゝに東洋平和の基が固くなつたのであります。私どもはこの幸福を思ふと同時に、あっぱれよい國民となつて、大日本帝國のために盡くさなければなりません。〈小学5年　修身書〉

男の子

女の子

朝鮮の子の心の中を考えて書こう。
（一人でもよい）

３月―４月にかけて運動がおこった地域（参加人員）
● 5,000～25,000人
● 25,000～50,000人
● 50,000人以上

ピョンヤン
ソウル
黄海
日本海
1919.3.1
プサン
200km

（『たのしい社会　中学歴史』麦の芽出版会）

Ⓑ 運動の広がり―・に着色して気づくことは？

〈参考〉日韓の資料を対比

①陸軍省『朝鮮騒擾経過概要』（1919年9月）より
・日本側死傷　166人　・朝鮮側死傷　約1500人
・運動発生回数　847

　※少人数また後に分かったものは回数に入れない。
　　1か所で2度運動が起きても1とするので実際
　　より少ない。朝鮮側の死傷は日本側の約10倍で
　　あるが、人々は実態を隠すので人数はさらに多
　　いとこの資料は述べている。

②朴殷植『朝鮮独立運動之血史』（1920年12月）より
・朝鮮側死傷　23470人（死者7509人）
・運動発生回数　1542（202万3098人参加）

　※妨害されて正確な調査は不可能であったとする
　　が、過少とされた日本側調査に比べて人数はは
　　るかに多い。

20 飲み物も食べ物も
——都市化と大衆的生活文化の広がり——

大正時代になると、戦争に関わる一方で新しい商品や歌が登場して生活文化の大衆化が進んだことを学ぶ。その背景には都市の発展と労働者市民の増加があったことを関連的に理解する。

1 少年少女が歌劇やスポーツで躍動 ── 1枚の写真に時代の変化を読む

黙って®を投影する。何これ？・発表会だ・桃太郎？…『1914（大正3）年にできたある劇団の公演だ。劇団の名は？』 分からなければヒントを出す。♪すみれの花咲くころ➡花と月と雪と星…「宝塚‼」これは、今から百年以上前の宝塚少女歌劇第1回公演『ドンブラコ』の1場面であった。

『少女が頑張れば少年も』「頑張る」翌15年に開かれたのが第1回全国中等学校優勝野球大会であった。各地から集まった代表校は10。今日の全国高等学校野球選手権大会はここから始まった。

『このころ日本や世界で何があったか年表で確かめよう』第1次大戦・21か条の要求などの項目に線を引く。少年少女が歌劇やスポーツで躍動し始めたのはどんな時代であったかを押さえたい。

2 大正時代の新商品や新しい歌は？ ── 今につながる大衆文化の広がり

『こうした変化は他でも起きたか』「起きた」『では、1912年から始まる大正時代の新商品や歌のクイズをしよう』 ®を配布して自由に楽しく作業させたい。（①ミルクキャラメル ②グリコ ③カルピス ④コカ・コーラ ⑤トンカツ ⑥コロッケ ⑦カレーライス ⑧月のさばく ⑨どんぐりころころ ⑩ふるさと）

①は缶入りから紙ケース入りへ。『よい点は？』「ポケットに入る」そこで大ヒット。家族で気軽に郊外へ出かけ「風」や「浪」とお菓子を味わう時代となった。②は体に良いグリコーゲン入りなので「一粒で三百ｍ」。健康増進は強兵にもつながる。1927年に「おまけ」がつくと爆発的に売れた。

③は「初恋の味」で甘酸っぱい。そのグラスに氷を入れストローで飲む都会風のスタイルが若者に受けた。④には生徒も驚く。これも都会の飲み物であった。⑤⑥⑦の大衆的洋食は、調理の手軽さや材料費の安さが普及につながったことに気づかせたい。今も大好きな生徒がいるのではないか。

『みんなが知っている⑧や⑨の童謡はどんな方法で子どもに広がったか』（教科書なども参照）『赤い鳥』などの子ども雑誌や蓄音機、さらに1925年からのラジオ放送の役割が大きかった。

3 唱歌・ふるさとはなぜ広く歌われたか ── 都市の発展と労働者・市民の増加

『唱歌「ふるさと」は故郷で歌うか故郷を離れて歌うか』「離れて歌う」「懐かしいから」『故郷を離れた人はどこで生活するか』「東京」「都会」1881（明治14）年には113万6226人であった東京の人口は、1915（大正4）年の東京市成立の際には312万8613人に増えていた。

『都会で働く人の職業は？』サラリーマンや労働者が多い。「女性の仕事は？」タイピストやバスガール（車掌）の写真が教科書などにある。自立する「職業婦人」が増えたのである。『都会に家が建てられない市民は？』「郊外に建てる」ここで最初に戻り、地図帳の「京阪神の通勤・通学圏」地図から「宝塚」を探させる。今も多くの人が私鉄にのって大阪市に通っていることが分かる。ここに歌劇団をつくることで往来する人も増え、私鉄会社が開発・分譲した土地住宅も売れたのである。都市の発展や周辺地域の開発、労働者市民の増加、飲食物や生活・文化の変化は互いに関連していた。

最後は、文学・文化・教育・生活・交通などの分野で他に新しく始まったものを教科書でチェックさせる。芥川龍之介や白樺派、地下鉄や文化住宅などいろいろ発表させて補説を加えたい。

Ⓐ

〈参考〉

　歌劇団が募集した少女は16人。1914年の観客動員数は19万人であったが、4年後の18年には43万人に激増。この年には第1回東京公演が帝国劇場で実現した。無名なので出演料は安いが興行は大成功。少女たちが舞台の主役となる時代はここから始まり今につながる。(三神良三『小林一三・独創の経営』ＰＨＰ研究所)

Ⓑ　大正・新商品と歌の名前クイズ ── ○にカタカナ、□にひらがなを入れよう

①

1913年6月10日発売

②

1922年2月11日発売

③

1919年7月7日発売

④

(1914年にはすでに輸入されていた)

◆大正時代・人気の大衆的洋食とは？

⑤ ト○○○　　⑥ コ○○○

⑦ カ○○○○○

◆大正時代・流行した童謡・唱歌とは？

⑧ 月□□□□
　　(1923年)

⑨ ど□□□□□□□
　　(1921年)

⑩ ふ□□□　(1914年　文部省唱歌)「♪兎追いし」

◆こうした中で、生活や文化はどう変わるだろうか

＊ もう一つの「世界大戦」
──今　「スペイン風邪」をどう教えるか／発展学習──

> コロナ禍を機に人と感染症の歴史に関心が高まっている。大正時代に日本でいかにインフルエンザが猛威をふるい、人々がそれにどう向きあったかを学び未来への教訓を考えあいたい。

1　1枚のポスターを探る ── 第1次大戦中に世界を襲った感染症とは？

　Ａを大きく投影するとつぶやきが起きる。それを受けて問う。『何のポスターか』　コロナとの答えも出るが正解はインフルエンザ予防のポスターだ。「古いね」「いつの時代？」大正時代の1920（大正9）年である。第一次大戦中の18年と19年、戦後の1920年の3回にわたり日本ではスペイン風邪と呼ばれた新型インフルエンザ（流行性感冒）が大流行したのであった。

　『第一次大戦での日本の死者は303人。スペイン風邪では何人死亡？』（自由発言を受けてＢを提示）「38万人以上だ」日露戦争の死者約9万人を4倍以上も上回る。「かかった人は、2380万人以上」『人口の40％だね』「でも、だんだん減る」

　発生は1918年春のアメリカ国内の基地だ。その米兵がヨーロッパ戦に加わるとフランス軍部隊から各国に、さらに兵士が動員されたアジア・アフリカの植民地まで広がる。中立国のスペインは流行状況を公表したので人々はスペイン風邪と名づけた。世界の死者は2500万〜5000万人（立川昭二『病気の社会史』ＮＨＫブックス）。人類の約30％・5億〜6億人が感染したもう一つの「世界大戦」であった。

2　予防や治療はどのように？ ── 百年以上前の必死の対策を学ぶ

　『どうやって治せばよいか』（予想）百年前に何ができたか。Ｃのポスターから検証したい。自宅で別室に隔離。部屋を暖め湯気で乾燥を防ぐ。治療薬がないため恐らくは熱さまし薬を飲み、氷で頭を冷やす。重度者を病院で治療する体制はまだ整っていなかった。

　『では、そうした治療法や予防法をどうやって国民に広げるか』　スマホやテレビはもちろんラジオさえもない。そこで1920年には、5種類のポスター計2億5千万枚を全国に張り巡らす。活動写真館や演芸場・路上でもＰＲし、飛行機から予防チラシを撒く地域もあった（内務省衛生局『流行性感冒』）。

　『当時の予防法を今と比べよう』（Ｄを配布して読む。Ａも参照）「密接・密集・密閉を避ける」「今と同じだ」有効な治療薬もない中で、少しでも感染者を減らそうとすれば昔も今も対策に大きな違いはなかった。当局は予防注射にも力を入れ約500万人が接種した。1回目の流行地では2回目に患者が少なかったので、抗体を持つ免疫者の広がりが終息につながったと考えられている。

3　これからの保健・医療体制は？ ── 今こそ歴史に学びたい

　一方、当局は1回目の流行時に「医師看護婦不足の地方」への対策の必要性を述べていた。マスク不足とその値上がりへの対応にも追われた。現在の課題は百年前にも発生していたことが分かる。

　『では、感染症対策の拠点・保健所の数はこの30年にどうなったか』（増えた・減ったとなったところでＥを提示）「すごく減った」『なぜ379も減らしたか』　「費用を節約」「もう感染症はないと思った」いざという時にそれで十分対応できるのか。コロナ対策で奮闘した地方の病院を減らす動きもある。それは、戦争以上に多く人命を奪った感染症との戦いの歴史を忘れ、目先の経済性を追ったためではないか。だが、天災と同様、感染症もまた忘れたころ・忘れないうちにやって来る。

　歴史を通して今と未来を考える力を育てるためにも、今こそスペイン風邪の授業を実践したい。

Ⓐ

Ⓑ スペイン風邪について分かることは？

日本の状況	かかった人数	死亡者
① 1918 年	21168398	257363
② 1919 年	2412097	127666
③ 1920 年	22417	3698
合　計	23804673	388727

※調査できた人数。実際にかかった人ははるかに多い。
（内務省衛生局『流行性感冒』平凡社東洋文庫）

1920 年の日本の人口は 5612 万人

Ⓓ

流行性感冒予防心得（はやりかぜ）　　内務省（1919年 要約）

1　病人やそれらしい人、咳をする者に近寄るな

2　劇場などたくさん人の集まる所へ行くな

3　人の多い場所、電車などではマスクをつけろ

4　塩水や湯などでよくうがいをしろ

〈参考〉

　1918年５月、南洋作戦から帰った軍艦に250名の患者が発生。その後８月下旬からスペイン風邪の大流行が始まった。

　９月下旬に九州、10月上旬に北海道、11月下旬には沖縄まで及ぶ。国の内外が海運や鉄道・戦争動員で結ばれてグローバル化が進み、感染症が急速に拡大したのだ。交通繁華な都市に発生すると放射状に周りの町村を襲い、数日で住民の半数が倒れたという。

（『流行性感冒』による）

Ⓒ

Ⓔ 日本の保健所の数はどう変化？

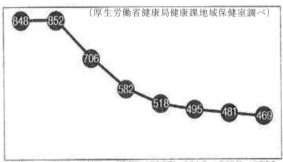

（厚生労働省健康局健康課地域保健室調べ）

848　852　706　582　518　495　481　469

1989　1992　1997　2002　2007　2012　2017　2020

＊日本の保健所は1939（昭和14）年に全国で550ヶ所つくられたのがはじめであった。現在はそれより少ない。（『感染症は世界を動かす』岡田晴恵、ちくま新書）

21 女性運動・護憲運動と民本主義
──大正デモクラシーの始まり──

身の上相談をもとに、大正期の女性の権利とその向上の運動について学ぶ。民権運動と対比して
護憲運動の大きな広がりを実感し、民本主義とは何か・大正デモクラシーとは何かを考えあう。

1　女性は月か太陽か ── 身の上相談の回答をどう思う？

　生活と文化に大きな変化が生じた大正時代。政治や思想にはどんな変化が起きるのか。最初に『身
の上相談とは何か』と問う。反応を受け、1914（大正3）年の新聞に初めて登場したことを告げてⒶ
を配布する。『この相談への答えを書こう』（記述➡女子中心に指名）

　「すぐ家を出ろ」「離婚して慰謝料を取れ」「逆に義母をいじめろ」威勢のいい発言が続く。実際の
回答を教えよう。『辛抱しなさい。そうすれば次第に自由になれます。日本の女はみなそうしてきま
した』　女子は騒然。「許せない」「おかしいよ」『でも、2人の子を抱えて家を出た大正時代の女に働
き口は？』「…」慰謝料もまず無理だ。ならば、この回答は当時としてはさほど間違っていない。

　『このままでいい？』「だめ〜」『では、何という女性が何を始めたか』（教科書を検索）平塚らい
てうによる女性誌『青鞜』創刊と婦人運動の始まりを押さえる。『元始女性は…』の宣言は希望する
女子に読ませる。1911（明治44）年に始まった「新しい女」の運動は大正時代に大きく広がった。

2　国会に届け・民の声 ── 護憲運動を民権運動と比べると？

　では、男たちは大正になるとどんな運動を起こすか。まずはⒷを提示する。「アッ、前にやった」
「自由民権運動だ」明治の復習である。『警官の態度は？』「いばってる」次にⒸを大きく提示。
『これが1912（大正元）年に起きた第1次護憲運動のひとこまだ。警官を探そう。Ⓑに比べると？』
「威張ってない。並んでいるだけ」『なぜ威張れないか』「集まった人が多すぎる」「逆にやられちゃ
う」約3千人の警官では、集まった数万の民衆を整理するのが精いっぱいであった。

　『知りたいことは？』「ここはどこ？」「門のところで笑っているのは何者か」「なぜこんなに集ま
ったか」ここは国会、笑って民衆に応えているのは反政府の衆議院議員である。集まった理由は何か。
教科書をもとに発表させ補説を加える。長州の桂太郎が天皇から言葉をもらい、議会の反対を無視し
て自分中心の内閣をつくる。そして軍備を増やそうとしたことに民衆は怒ったのであった。

　『桂はどうなった？』「50日で首相を辞めた」民衆が国会に声を届けて政治を変える活動は、この
第1次護憲運動から始まる。大正時代は、女性運動と男性の護憲運動から明けたのであった。

3　「民主」でなくとも「民本」を！── 吉野作造の主張を知ろう

　『では、国の主人公は誰か』「国民」『と言ったら捕まる。なぜなら当時の国の主人公は？』「天
皇」『だから民「主」主義と言えない。代わりにどう言うか』 民（　）主義 と板書。（　）に入る漢
字1文字を考えさせる。『教科書に正解があるよ』「民本主義だ」『唱えた人は？』「吉野作造」

　『では、吉野の言う民本主義の目標は何か』（ Ⓓを配布）目標だと思う部分に線を引いて発表さ
せる。一部の人のためでなく国民のための政治・そのための普通選挙の実現という2つを確認したい。

　天皇を中心とする国のしくみはそのままでも、国の政治は国民本位に行うべきだと吉野は主張し
た。普通選挙とは、貧富の差に関係なく成人した国民全てに選挙権を与えることだ。こうしてこの時
代に高まった、自由や権利の拡大を求める民衆の動きを大正デモクラシーとよぶことを押さえたい。

Ⓐ

身の上相談　どうしたらいいですか

　「幼い二人の子がいます。同居の義母には
いじめられ、夫は常に「食わせてやっている」
との一言のもと、私の相談など耳にも入れま
せん。

　今は子どもがかわいそうなばかり、どんな
道をとったらいいでしょう」

（読売新聞　大正4年3月24日）

◆あなたならどう答える？

⎡　　　　　　　　　　　　　⎤
⎣　　　　　　　　　　　　　⎦

〈参考〉大正時代の女性の権利

①政治演説会に参加できない。（1922年まで）
　政党にも入れない。（女が政治について自
　分の考えを持つのはよくないとされた）

②選挙権がない。

③妻の不倫は罪になるが夫の不倫は罪になら
　ない。（妻に男子が生まれない時、別の女性
　が生んだ男子を後継ぎにする場合もあった）

④妻は夫の許可なく契約や借金、裁判の訴え
　などを行うことができない。（夫が死亡し
　ていればできる）

（磯野誠一・富士子『家族制度』岩波新書　を参照）

Ⓑ 　⇒　Ⓒ

Ⓓ

民本主義とは？　吉野作造の主張（要約）

　日本では天皇が国の主人公である。だから
国民を国の主人公とする民主主義は主張でき
ない。しかし誰が国の主人公でも、その政治
は国民の幸せを第一に考えて実行したい。つ
まり、国民のことを考えて国民のために政治
を行う、それが民本主義である。

　特権階級のための藩閥政治や一部の資本家
のための政治は許されない。普通の国民の考
えを政治に反映するため、まずは普通選挙を
実現しよう。

〈参考〉美濃部達吉と天皇機関説（要約）

　美濃部は、天皇は無制限な権力を持
つ絶対者ではなく、憲法に示された原
則に従って国を治める代表者であると
した。つまり天皇は単なる個人ではな
く、国民のために憲法に基づく政治を
行う国の機関と考えたのであった。ま
た、天皇が「神聖不可侵」なら、その
子どもにあたる国民の権利も「神聖不
可侵」ではないかと述べたという。

22 貧しき者よ立ち上がれ
——米騒動と社会運動の広がり——

第1次大戦に関連した日本経済の変化を、成金の絵と統計資料を対比しながら理解する。戦後の不景気の中でなぜ米騒動が発生したかを考え、各分野でどんな社会運動が広がるかを調べる。

1　「成金」はなぜ？ —— 輸出額・輸入額が変化した背景を読みとろう

　　資料にどう生徒を近づけるか。Ⓐを個々に配布し、男女各1人を指名してセリフを言わせる。“役者”がいれば紙幣を渡し上履きを使って演技させたい。1923（大正12）年の紡績工の平均日給は1円弱。比べれば百円の価値が分かる。『にやけたこの男はどんな人か』「大金持ち」「急に金持ちになって威張りたい人」ここで百均などで求めた将棋の駒を出し、成金の意味を説明する。

　　『第1次大戦が始まるとなぜ多くの成金が生まれたか』（Ⓐに記入➡相談➡発表）戦争4年目の18年には、ヨーロッパからの輸入が半減し輸出が3倍化した。戦乱でヨーロッパでの生産や輸出が減ったため、日本の生産・輸出が増えたのだ。日本から欧米植民地への輸出も増加。ぼろもうけした「歩」は「金」となり巨万の富を得たのであった。③の労働者急増の背景には、輸出増に伴う国内生産の高まりがある。造船など重化学工業も発達し、国内は大戦景気と成金ブームに沸いた。

　　『戦争が終わると④のヨーロッパからの輸入は？』黙って30億5300万円と板書。ヨーロッパの復興・発展が進んで激増したことが分かる。『⑤のヨーロッパへの輸出は？』19億5600万円と板書。10億円以上の減少だ。『国内の景気は？』「売れないから悪くなる」『不景気になると成金は？』会社がつぶれてもとの歩に逆戻り。代わって三井・三菱・住友・安田などの財閥がさらに巨大化していった。

2　誰がどこで何をした？ —— 1918（大正7）年の新聞記事を読み解こう

　　『ここで1918年8月の新聞記事を読もう』（Ⓑを配布）誰がどこで何をしたか確認したい。（「糊口に窮して」➡「生活に困って」の意・「絶江る」➡「絶える」）1915年に1石（2.5俵・約180ℓ）16円35銭であった米価は、18年には38円49銭となって家庭生活を直撃したのである。**①なぜ米価が上がったか。②女性から始まったこの運動はその後どうなるか。**予想の後、教科書で検証させたい。

　　①の原因としては、Ⓐのような労働者増による米の消費増大とシベリア出兵を見越しての買い占め・売り惜しみがある。②については、ほぼ全国に広がる米騒動に発展し軍隊も出動したことを確認する。その結果寺内正毅首相が辞め、衆議院で多数を占める立憲政友会総裁の原敬が首相となった。本格的な政党内閣の実現といえる。大正時代の民衆は6年間に2つの内閣を倒したのであった。

3　社会運動の広がりはどこまで？ —— 教科書でキーワードを調べよう

　　『こうした中、労働者によるストライキの数はどうなるか』「1914年−50件・7904人」「1918年−417件・66457人」と板書する（中村正則『労働者と農民』日本の歴史29　小学館）。「すごく増えた」米騒動の広がりはこうした労働運動の高揚とも関係していた。「サボる」という言葉も、仕事をわざと怠けて抵抗するサボタージュというフランス語から大正時代の労働者がつくったものだ。

　　『他にはどんな運動が起き、政府はどう対応したか』Ⓒのシートを配布して個々に記入させ答え合わせにつなげる。水平社宣言・普選に関連した写真など教科書の関連資料を適宜参照させ、補説を加えて授業をまとめたい。（①メーデー　②普通　③日本農民　④全国水平　⑤北海道アイヌ協会　⑥日本共産党　⑦プロレタリア・多喜二　⑧加藤　⑨25・男子　⑩治安維持）

Ⓐ

	①ヨーロッパから輸入	②ヨーロッパへ輸出	③国内労働者数
1914年（大正3）	15億8800万円	9億1800万円	100万9千人
1918年（大正7）	8億2800万円	29億8300万円	180万8千人（19年）
1920年（大正9）	④	⑤	175万8千人

＊空いているところは後に記入　（『史料 明治百年』朝日新聞社）

◆なぜこうした人たちが生まれたか

Ⓑ

女一揆起る

怖しい米價騰貴の影響

出稼漁夫の女房連百七八十人

富山縣中新川郡西水橋町にかける大衆傳
夫の仕送りは絶ゆる米は騰る棚口に對して
有力者を脅迫し米屋を襲ひ
警官に抵抗し負傷者を出す

〈参考〉財閥の発展

　1928年ごろの三菱財閥は三菱造船・三菱銀行などの直系会社だけで32社を持つ。関連会社も約76社を数え商工業に強い影響力を持っていた。

（柴垣和夫『三井・三菱の百年』中公新書）

Ⓒ

社会運動の発展と政府の対応

①労働者が集まり日本最初の（　　　　　）を行う。
　（1920年。現在も5月1日に実施）

②参政権制限をなくす（　　　　）選挙運動が活発化。

③労働者に続き、農村の小作人たちも（　　　　）組合を結成。（1922年）

④部落差別をなくし、平等な社会をつくるため
　（　　　　　　）社を結成。（1922年）

⑤北海道の先住民の権利を守るため
　（　　　　　　　　）を設立（1930年）

⑥天皇制をなくし、社会主義・男女普通選挙・言論や集会の完全な自由・全ての植民地解放などを主張する
　（　　　　　　）党を結成。（1922年）
　＊政府は結成を認めず、公然と活動できない。

⑦労働者や農民の立場に立って社会問題を描く
　（　　　　　　）文学が誕生。小林（　　　　）は『蟹工船』などの作品を発表した。

◆政府の対応

⑧護憲派の（　　　　）高明首相により

⑨（　　）歳以上の（　　）に普通選挙を認める。

⑩天皇制を変える動きや政府を批判する人々を取り締まるため（　　　　　）法をつくる。

＊ 学校資料で学ぶ関東大震災
──伊東・熱海地域を例として／発展学習──

> 　関東大震災（1923年9月1日）で大被害を受けた宇佐美小学校（現静岡県伊東市）では、9月16日の再開直後から児童791名の被災体験記録化に取り組む。約1か月後にはガリ版刷りの文集を学級ごとに刊行した（『大正震災記』として合本にまとめられ同校に永久保存）。
> 　また、多賀小学校（現静岡県熱海市）の沿革誌には被災当日の状況が生々しく記載されている。学校または地域のこうした資料を生かし、例えば次のように関東大震災を学びあいたい。

1　イラストと作文で地域の被災状況をイメージ化

　生々しい記憶をもとに描かれたⒶを個々に配布。気づきを発表させたい。たれ下がる電線。つぶれた家。外れたガラス窓。子どもも大人もその惨状の中を必死に逃げて行く。沖を見るとわら屋根などの無数の浮遊物が目に入る。続いてⒷの作文を読ませ、地震直後の村人の様子をイメージさせたい。

　では、関東大震災とはどんな災害であったか。知っていることを出させて補説を加える。東京では地震をきっかけに大火災が起き、神奈川・静岡を併せて死者約11万人を出す震災となった。

　では、宇佐美村での死者は？　地震と津波で大被害を受けたにもかかわらずゼロであった。自然災害は防げないが、その減災は人の努力で可能であることに気づかせたい。

2　ボランティア活動もフェイクニュースもありました

　では、Ⓒでは何をしているか。他地域（上大見_{かみおおみ}）から駆けつけたボランティアの青年たちが着のみ着のままの被災者に食料を配っている。川に橋までかけてくれるその奮闘は現代の若者に劣らない。ここでは、テレビで見たさまざまな災害ボランティアの活動を想起させてはどうか。100年前も今も、人は互いに助けあい災害に立ち向かうことが分かり、過去の震災学習は現代とつながる。

　一方、Ⓓを読ませて不自然な点がないかを問う。ちょっと考えれば、道路も寸断されて食糧も乏しいあの混乱時に2千人の集団行動は不可能だと分かる。それなのに、村人はなぜそうしたフェイクニュースに動揺したか。粗末な小屋で心細い避難生活をする村人はとても平常心を保てない。その中で日ごろの差別感情が一気に表面化するのである。民間の通信手段は途絶えていたが、東京から100キロ以上離れた多賀村に朝鮮人襲来のデマが伝わったのは震災2日後の9月3日でありかなり速い。

　だが実際には、各教科書にもあるように「住民が組織する自警団、あるいは軍隊、警察が、朝鮮人など数千人を殺害」するという逆の事態が起きていた（『中学社会 歴史的分野』日本文教出版 平成23年）。

　自分たちの地域も一歩間違えればどうなっていたか。今日への深い教訓として考えさせたい。

3　当時の学校で最も大事にされたものは何だろう

　最後は、「御影」の部分を白く隠したままⒹを配布。**『約100年前の多賀小の記録だ。読める漢字を〇で囲もう』**　〇を一つでも多く増やそうと、必死に文を読みこむので理解が深まる。すると隠された部分に何と書いてあるかが気になってくる。

　『ここには、当時の学校でどんな時にもいちばん大事にされたものの名が書いてある』　（自由に予想）児童でも職員でもない。正解を告げ、御影とは御真影のことだと教える。では、御真影とは何か。全国の学校に渡された天皇皇后の写真であった。ここで生徒は教育勅語に基づく忠君愛国教育を思い起こすであろう。みなさんも、自校に残る学校資料を活用して多様な震災学習を展開してはどうだろうか。

Ⓐ

※高二…高等小学校二年生。今の中学2年生にあたる。

Ⓑ

きにつかまって

　あそびにいっていってうちのち
かくまでくると　みちがた
いへんうごいてころびまし
た。おきあがるとおとうさ
んがよぶからそばにいっ
ていっしょにきにつかまっ
ていると
にどめのじしん
がきました。そのうちにつ
なみがきたので　なきなが
らやまのほうへにげたひと
もあればやぶへにげたひ
ともあります。

（小1　石田文江）

Ⓓ

Ⓔ　約100年前の多賀小学校の記録
　　　── 読める漢字を◯で囲もう

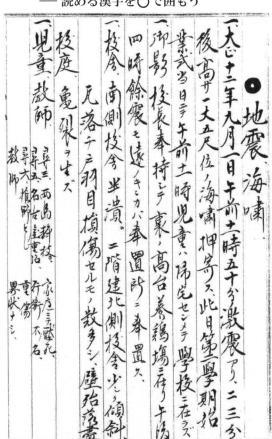

Ⓒ

＊ 拓本で地域に探る「近現代」
──この人とこんな関係があったのか／発展学習──

1　今こそ体を動かして ── 校地内でリーダーに講習

　地域学習は、まず自らが地域を歩き、そこにある事物と対話することから始まる。最初からネットや文献に頼るのは問題外。出かけて記念碑を撮影しても、それだけでは「ああ、そうですか」でおしまいだ。

　そこで、手作業で碑文を写し取る拓本学習をお勧めする。採拓セットを通販で購入し、画仙紙を文具店で買い霧吹きや小タオルを用意させる。

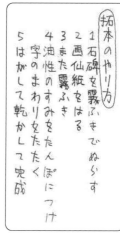

　活動人数が多い場合は先に班長や係の生徒を集め、校地内にある右上のような記念銘板で練習させる。方法は右の通り。生徒はすぐに習熟し、作業当日はよきリーダーとなって班員を指導してくれる。

　「草にかこまれたところにあり、拓本をとるのが大変。通りがかりの人に山頭火とは人の名前だということを教わった」「暑くて腹が減って死にそう」などと生徒は語る。

　電子機器万能の時代こそ古来の拓本文化を伝え、体を動かす全員参画の近現代・地域学習に活用したい。

2　共同と対話から深い学びへ ── 文献調査への発展

　Ａ与謝野晶子夫妻の歌碑は学校の正門脇にあるが、生徒たちは普段気にも止めていない。だが採拓すると、そこには次の２首が刻まれていることが分かった。

　「ここに見る　多賀の海原　ひろければ　こころ直ちに　大空に入る」（鉄幹）

　「棚作り　臙脂のいろの　網をかく　多賀の磯より　中野浜まで」（晶子）

　晶子夫妻がいつ多賀に来たかを『熱海歴史年表』（市教委編）で調べさせると1934（昭和９）年であった。当時がどんな時代であったか、なぜ多賀に来たかはそこから分かる。晶子の生涯やその短歌を調べた生徒は次のように述べた。

　「私は与謝野晶子について調べてみて、多賀に来たというのに一番おどろいた。はじめは晶子なんて全然興味がなかったけど、本で調べていくうちにいろんな歌の意味が分かってよかった」（亜樹）

　地域調査（共同）➡採択作業（仲間との対話）➡関心の高まり➡文献調査（主体的学習）➡認識の深化というルートで深い学びが順次形成されていったことがよく分かる。

3　どの地域でも可能 ── 地域から地域を越えて学びを広げる

　一方、Ｂ山縣有朋は、碑文のように伊藤博文と共に1879（明治12）年に熱海に来ていた。碑に刻まれた「飛魚の　音もかすみて　網引きする　あじろの浦の　春の夕凪」という歌はこの時のものだ。『熱海歴史年表』で調べると、他にも岩倉具視・三条実美が同道して会談をしていた。

　教科書を見ると、西南戦争も終わり自由民権運動が高まっていた時期だと分かる。温泉に入りながら何を話していたか想像させると、無縁と思っていた明治の政治史が一気に身近になるであろう。

　どの市町村にもさまざまな個人碑・歌碑があるはずだ。それらを全員参画の拓本学習を介して生徒につなげ、人物を通した近現代史学習を地域から地域を越えて広げてみたい。

A 与謝野鉄幹・晶子歌碑（多賀中正門脇。中2で採拓）

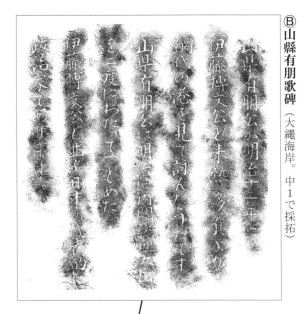

B 山縣有朋歌碑（大繩海岸。中1で採拓）

地域での採拓は山あり谷あり──写し紙を使って関係地図も自作する

採拓は例えばこのように…

　文字の中にすみが入って
しまい思うようにできなく
て、色の濃淡をうまくでき
なかった。
　碑のある場所は木がたく
さんあり入るのが大変だっ
た。でも、きれいにとれた
時はうれしかったです。（潤）

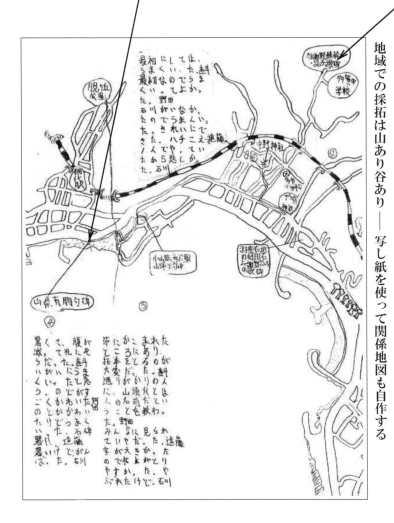

＊ 声をあげる娘と学者
──北と南から考える大正の文化／発展学習──

1 「自由の天地」を忘れない ── 開発された側から声をあげる

　大正時代に声をあげた女性は平塚らいてふだけではない。1923（大正12）年には19歳の一人の娘がまとめた本が出版され、今も読まれ続けている。Ⓐを音読させたい。

　『感想は？』『□に入る漢字を言おう。私たちとは誰のことか』　開発した側ではなく、「された側」にとって開発とは何であったかが分かる。娘の名は知里幸恵。

　アイヌ民族として 北海道 に育った彼女は、祖母から聞いた美しい話を『アイヌ

> Ⓐ　その昔この広い□□□は，私たちの先祖の自由の天地でありました…冬の陸には林野をおおう深雪を蹴って、天地を凍らす寒気を物ともせず山又山をふみ越えて熊を狩り、夏の海には涼風泳ぐみどりの波、白い鴎の歌を友に木の葉の様な小舟を浮べてひねもす魚を 漁 り…なんという楽しい生活でしょう。平和の境、それも今は昔、夢は破れて幾十年、この地は急速な変転をなし、山野は村に、村は町にと次第々々に開けてゆく…おお亡びゆくもの……それは今の私たちの名。

神謡集』にまとめた。Ⓐはその序文の一部である。惜しくも幸恵は出版前年に心臓まひで亡くなるが、支援者の金田一京助の尽力で本は無事に出版された（現在は岩波文庫に収録）。

　大正時代には、先住民族アイヌの文学もこうして初めて社会に紹介された。

2 自らの歴史・文化を自ら研究 ── 沖縄学ここに始まる

　では、北に対して南では独自の文学・学問はいつ生まれるか。実は幸恵の本を出した郷土出版社は、その前年にも本を1冊出していた。それは、1911（明治44）年出版の本を民俗学者・柳田国男の勧めで再刊したものであった。

　どの県に関する本か。Ⓑを提示して問う。「琉球だから沖縄県」『何について書いた本か』「古」とあるので、昔の琉球のことやその歴史について書いた本だと予想できる。

　著者は伊波普猷である。板書して問う。『何県の人か』「名前からして沖縄」（沖縄の生徒であれば彼について知ることを発表）

Ⓑ

　伊波は『古琉球』の序文の中で、「自分らの祖先が遺した文学」である『おもろそうし』を研究すると「今までわからなかった古琉球の有様がほのみえる」と述べ、「この書が沖縄の社会に対して貢献するところがあったら望外の幸せ」と郷土への思いをこめて締めくくった。

　ここから沖縄人（琉球人）自身による沖縄史・琉球文化の科学的な研究＝沖縄学が始まったことを補説したい。

　沖縄の『おもろそうし』・アイヌの『ユーカラ』をはじめ、地域に伝わるさまざまな文学・文化・伝統を再評価して研究する動きは、日本の南北で大正デモクラシーの時代から本格化したのであった。

　東京の出版社を介したその相互の関連を例えばこうして〝ちょこっと〟紹介すると、大正文化の学習はさらに豊かになる。

6

中国侵略の拡大と帝国のゆくえ

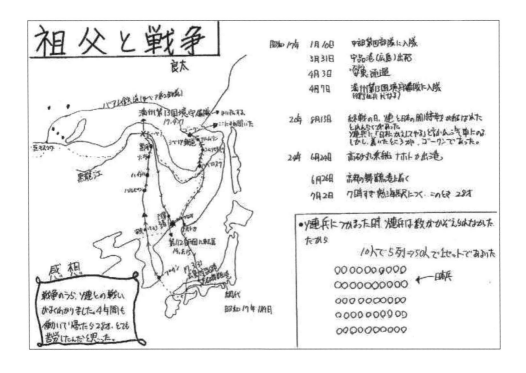

聞き取りは自分と歴史をつなぐ重要な学習法だ。戦中戦後に少年時代を過ごした人に話を聞こう。

23 世界へ広がる恐慌
──景気回復へのアメリカの道──

恐慌前後のアメリカ社会を比べてその落差を知り、好景気からなぜ不景気が生じたかを考える。
恐慌が世界に広がる中、アメリカではどんな方法で景気回復をめざしたかを理解する。

1　繁栄からどん底へ ── アメリカの2つの時代を比べよう

　『ベーブルースを知っている？』野球ファンに説明させる。リンドバーグ、アル・カポネなどの名
も挙げる。『彼らの生きた1920年代のアメリカ社会は？』（Ⓐを音読）自国は戦場にならず第1次大戦
にも勝って商工業が大発展。イギリスを越える大国として繁栄した。26年の日本の自動車数は約3万
3千台。アメリカは？　1744万3千台と黙って板書。国民6人に1人が自動車を持っていた（矢野恒太
編『昭和2年版　国勢図会』国勢社）。

　『そのアメリカは1929（昭和4）年にはどうなるか』　予想の後、当時のアメリカ人の写真を教科
書や資料集から探させ、気づくことを言わせる。「行列してパンをもらう」「失業者だ」「みんな男」
一家の働き手も食に困る時代となった。Ⓑを読ませ、さらにイメージ化を図りたい。

2　好景気からなぜ不景気が？ ── アメリカから始まった世界恐慌

　『なぜこんなに貧しくなったか』　幅広く問う。「事件が起きた」「感染症」「贅沢しすぎた」では、
真の原因は？　まず下図左の〈大戦中〉を示し好景気の理由を説明させる。武器や農産物輸出などで

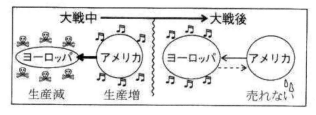

儲けるとどんどん物が売れるので景気はさら
に上昇した。では〈大戦後〉は？　ヨーロッパ
で生産が回復すると膨大な商品が売れ残る。2
9年にウォール街でそれらの会社の株価が暴
落すると、見る間に倒産と失業が増大。

　資本主義社会で、必要以上に商品をつくりすぎて起きる大不景気を恐慌と呼ぶことを押さえたい。
　『他の国の景気は？』「悪くなる」『なぜ？』「アメリカが買わないから」何を、なぜ買わなくなる
か考えさせてⒸを提示。コーヒーやオレンジは買わなくても死なない。綿花や家畜が余ったのは、
人々が木綿の服や肉を買えないからであった。

3　景気回復はどのように？ ── ル（ロ）ーズベルトとニューディール政策

　では、32年に当選したルーズベルト大統領は何をするか。『農民の売れ残った作物は？』政府が買
い上げる。『買った作物はどうする？』　飢えた国民に安く売る。失業者や老人にお金を支給し労働者
の賃金も国が最低ラインを決めた。『君が大統領ならどんな巨大建築物をつくるか』（予想➡Ⓓを提
示）「ダムだ」切手には「テネシー峡谷開発公社」（ＴＶＡ）とある。『地図帳でこの川を探し、ダム
の数を数えよう』　数えると5。実際は32。最大のダムは高さ140mでコンクリートの塊であった。

　『ダムを多く造ると何がいいか』（相談➡発表）「水力で発電」「失業者が働ける」建設材料の製
造・運搬でも多くの仕事が生まれる。周辺の農民は安い電気代で仕事を機械化して水道も広げられる。
家庭の電化も進んだ。すると多くの電化製品が売れて多くの労働者が働ける。『こうして公共事業や
生活保障を進めて景気を回復するやり方をカタカナと漢字で言うと？』「ニューディール政策」膨大
な費用は大金持ちほど高い割合で税を取り、生活が安定すれば一般市民に負担してもらうのであった。

Ⓐ

1920年代のアメリカでは…

　まちには自動車があふれ、ジャズのメロディーが流れる。若い男女はチャールストンダンスを夜中まで踊りまくる。国内には５千ものゴルフ場ができてゴルフ人口は５千万人に達した。

　1920年に世界初のラジオ放送が始まると人々はスポーツの実況中継に熱狂。27年にベーブルースがホームランを年間60本かっ飛ばすと、リンドバーグはニューヨーク・パリ間の無着陸飛行に成功して英雄となった。

　シカゴではギャングの親玉アル・カポネが禁酒法の網の目をくぐって勢力を伸ばす。捜査官エリオット・ネスは彼との戦いに全力を挙げていた。

Ⓑ

1929年から後のアメリカでは…

　世界一金持ちだった国は「たたきのめされた国」になってしまった。大都市では何百万という人々が、ありもしない仕事口を求めて街をほっつきあるいた。トラックがゴミをおろすと男や女や子供が棒でほり食物や野菜のかけらをひっかきまわした。農場では作物は山のように積み上げられ価格は下落した。「私は430頭の牛を太らせて市場へ出した。それは2076人の人を１年間養える。だが私の家には一かけらの肉もなく買う金もない」（ヒューバーマン『アメリカ人民の歴史』岩波新書 要約）

Ⓒ

世界各国のありさまは？

　ブラジルでは１年間に１千万袋のコーヒーが燃やされ、海に捨てられ、道路工事で道に敷きつめられた。デンマークでは週に1500頭の牛を殺し、その肉を肥料にした。アルゼンチンでは羊を何万頭も焼き殺す。アメリカで1933年に１千万haの綿花が地中に埋められた。

　何百、何千という人々が失業し、服もなく飢えている時に、こんなことが平気で行われた。

　1932年から33年にかけてアメリカでは全労働者の32％、ドイツでは45％が職を失い、世界の失業者は５千万人に及んだという。

（川崎巳三郎『恐慌』岩波新書 要約）

〈参考〉ミッキーマウス・チャップリン・キングコング

　1928年生まれのミッキーは30年から新聞連載され、恐慌の中を失業者として生きる。失敗続きの彼はミルク売り・れんが職人・アイス売りなど10以上の職業を転々とした。

　チャップリンは31年の映画『街の灯』で、盲目の花屋の娘に恋する失業者を演じた。金持ちから得たお金を娘に渡すと、その金で手術して目が見えるようになる。だが彼は泥棒と思われて刑務所へ。やっと自由になった彼に娘がお金を恵もうとすると手が触れる。「あなただったのね」失業者はやっと幸せになった。映画『キングコング』は33年に大ヒット。恐慌のように暴れ回る怪物も、最後は人間の力で退治された。

Ⓓ TVA50周年記念切手
　　（1983年）

◆サンフランシスコ名物のゴールデンゲートブリッジは６車線で全長2737m。恐慌下、1933〜37年まで行われた工事には膨大な鉄材と労働力が投入された。大リーグのナイトゲームは1935年から始まり膨大な電力を消費。昼間は働く労働者のよき娯楽となった。

　資本主義を「自然のなりゆき」に任せず、国の力で経済や生活を立て直すことでさらに改善・発展させていく。そのニューディール政策が完全に成功したかどうかは評価が分かれる。

　またＴＶＡも、その対象地域がイギリス本国の半分以上の広さを持つ広大なアメリカだからこそ可能であった。

　恐慌や感染症による国民の苦難に政府はどう立ち向かえばよいか。深く考える力を育てるためにも、歴史的地理的条件の中でニューディール政策をとらえさせたい。

24 独裁者の登場
——対立を深めるヨーロッパの国々——

アメリカに依存する日本の経済は、恐慌の中で深刻な状況に陥ったことをつかむ。英仏がブロック経済で恐慌克服をめざす中、ドイツ・イタリアやソ連にどんな動きが生じたかを理解する。

1 「お得意様」が病気になると？ —— 世界恐慌と日本

『1926（昭和1）年の日本の輸出・輸入№1の国に色をぬろう』 （Ⓐを配布）ともにアメリカだ。対外輸出の約半分を占めるその「お得意様」を恐慌が襲い世界恐慌が始まった。当時の日本は世界の生糸の65%を生産して多くを輸出、その97%はアメリカ向けであった（『昭和2年版 国勢図会』）。

『生糸のもとの蚕を育てる農村はどうなる？』「売れないから貧乏になる」『日本の景気は？』「悪くなる」都市では会社がつぶれ失業者が増大した。大震災後は何度も不景気になったが、ここで決定的打撃を受けたのだ。『世界恐慌の中、日本の都市や農村がどうなるか』（予想➡教科書の文や写真を2，3分間チェック➡発表）都市と農村に分かれて検証しペアで交流させてもよい。

『大学は出たけれど』の映画が大ヒット、東北地方では凶作と娘の身売りが問題化。「欠食児童」の意味を問い、貧困児童を救うため国の補助で1932年から学校給食が始まったことを教える。

世界恐慌と今の私たちとの意外な接点であった。

2 恐慌をどう乗り越えるか —— ブロック経済とファシズム

続いてⒷを示し各国の失業者数の変化を日本と比べる。「全部日本より多い」「ドイツがひどい」32年のイギリスの失業率は17%。ドイツは43%。どの国も危機は深刻であった。

だが、どの列強もアメリカほど国土が広くない。大開発は不可能だ。ではどうするか。Ⓒを示して気づきを発表させる。「イギリスの植民地がすごく広い」『次に植民地の多い国は？』「フランス」

『これらの国は広い植民地を活用して恐慌を乗り越えようとした。その方法は？』（相談➡予想を発表）正解が出るまで引っぱらず、2，3意見が出たら教科書で調べさせたい。

「ブロック経済です」『どういうこと？』「本国と植民地の間の貿易＝輸出入を増やす」「他の国との貿易を制限」本国中心の経済圏をつくり、利益を増やして恐慌を越えようとしたのであった。

『英仏ほど広い植民地がない国は？』「イタリア・日本・ドイツ」これらの国は強いブロックをつくれない。『イタリアやドイツでは誰がどんな方法で国力を強めようとするか』 教科書を見て答えさせる。

イタリアではムソリーニがファシスト党を率いて独裁政治を始めエチオピアを侵略。ドイツではヒトラーがナチ党をつくって政権をとり、他の政党を解散させて独裁政治を始めた。彼はドイツ民族の優秀性を強調してユダヤ人を迫害する一方、軍事工場を増やし失業者を減らして国民の支持を集めた。

こうして民主主義を否定し軍事力で他国を侵略する独裁体制をファシズムということを押さえる。

3 計画経済の光と陰 —— スターリンとソ連型「社会主義」

ここでソ連の工業生産高を板書する。「1928年－214億（ルーブル）」「32年」は？「433億」。「37年」には？「955億」。世界恐慌に影響されず、ソ連の工業は9年間で4倍以上に飛躍した。『ソ連経済の特色は？』「計画経済」意味を説明させたい。つまり、個々の企業に任せず、国の計画に沿って必要な量を各企業に割り当て生産するからモノは余らず恐慌は起きない。生活は向上したが、社会主義を唱える指導者スターリンは独裁化して農業集団化を強行、何百万もの国民が弾圧された。

Ⓐ 1926年の日本の輸出入 ── №.1の国に着色しよう

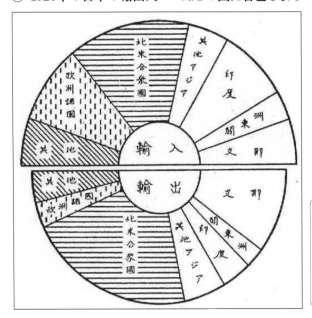

輸　入

輸　出

（円グラフの項目）北米合衆國／欧州諸國／其地／其地／欧洲諸國／北米合衆國／共他アジア／印度／關東洲／支那／支那／關東洲／印度／其地アジア

Ⓑ 世界の失業者数 （英独伊は完全失業者のみ）

	1930年6月	1932年6月
イギリス	1341818	2357963
フランス	11187	527849
ドイツ	896465	1560000
イタリア	322291	905097
日　本	361916	481589

（内閣統計局『列国国勢要覧・昭和8年』）

> 欧州➡ヨーロッパ。印度➡インド。関東州は？
> 　当時の日本では中華民国を中国と言わずに支那と呼ぶ人が多かったが、中国人は正しい国名を使うことを望んだ。
> 　現在ではこうした呼び方は行われていない。

Ⓒ 本国に着色して植民地の広さと比べよう （矢野恒太編『昭和13年版 国勢図会』国勢社 抽出）

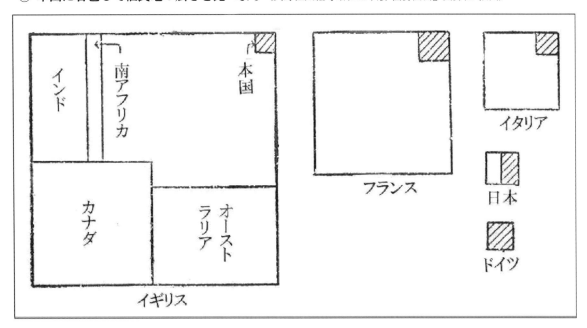

（図中）インド／南アフリカ／本国／カナダ／オーストラリア／イギリス／フランス／イタリア／日本／ドイツ

〈参考〉ヒトラーの演説 （1932年7月15日　要約）

　ドイツの農民は貧しくなり中産階級も崩れさった。ベルサイユ条約からの13年で現在の権力者はドイツの全てを破壊した。だから、今ある政党を消滅させるべきだ。私がドイツ再建を目指して運動を始めた時、仲間は7人であった。だが今は1300万人に増えた。

　全てのドイツ人が同じ目的に向かい、運命を共にできる共同体をもう一度この国に誕生させよう。我々はこの民族共同体のために戦う。魂を捧げる覚悟もある。誇り高い自由な帝国を取りもどすため懸命に働こうではないか!

25 昭和日本の分かれ道
──干渉か協調か──

労働農民運動が高まり無産政党が力を伸ばすと、国は治安維持法により厳しく取り締まったことを知る。中国の統一が進む中、日本の政治外交が揺れ動く過程を学んで今後の針路を考える。

1　労働者・農民の声を聞け ── 無産政党の国会進出と厳しい取り締まり

　Ⓐを大きく投影する。「お〜」『この人たちは誰？』「農民と労働者」これは1928（昭和3）年の衆院選ポスターである。男子普通選挙となったので農民組合や労働組合の代表も立候補したことを押さえる。彼らの属する党はまとめて無産政党と呼ばれた。ポスターの文章をたどって読もう。

　『なぜ労働者に食と仕事が欲しいの？』「給料が安い」「不景気で失業」『農民になぜ土地が保障されないの？』「小作人が多い」その現状を変えるよう候補者は訴えた。『無産政党の人は当選したか』合計得票は49万票。8名の当選者を出し、史上初めて労働農民運動の代表が国会に送られた。

　1918年の労働組合数は107・農民組合はゼロ。では28年は？…労働組合501・農民組合4343に激増する（安藤良雄『近代日本経済史要覧』東大出版会）。国民の権利や自由を広げ、労働者農民のための政治を求める声が強まり、社会主義をめざす運動も高まっていった。

　『政府は放っておくか』「取りしまる」28年から45年まで治安維持法による検挙者は68274人（荻野富士夫『思想検事』岩波書店）。作家小林多喜二のように警察の拷問で殺された人も少なくない。労働者農民の生活向上で商品の買い手を国内に増やし、景気を回復する方向は厳しく抑えられたと言える。

2　張作霖爆殺 ── 国民政府の中国統一と日本による干渉の失敗

　次にⒷを提示する。「国旗だ」『どこの国？』中華民国である。1911年にできたこの国は各地で軍閥が力を伸ばして分裂状態。国旗は、孫文の後を継いで中国国民党のトップとなった蒋介石が1928年に制定した。『国旗はなぜこの時期に決まったか。蒋介石は何を行ったか』（予想➡Ⓒを参照）

　蒋は国民政府をつくり、その軍隊を率いて各地の軍閥を倒し北京に入ったことが分かる。『そのようにして国内を統一する中で必要になったのが？』「国旗」『その中国での統一の動きに干渉するため山東省に出兵した国は？』日本である。『成功する？』「失敗」中国統一の流れは止められなかった。

　一方、満州の軍閥張作霖は日本に支援されて北京に進出していたが、この勢いを見て満州に引きあげる。『彼の乗る列車はどうなるか』教科書を見る。爆破され張は死ぬ。『誰がやったか』関東州を拠点とする日本軍（関東軍）だ。力の衰えた張を消し、もっと関東軍に忠実な者に満州を任せるためであった。『父を日本に殺された長男の張学良は？』逆に蒋介石に協力。満州は中華民国に統一されてⒷの国旗が翻る。中国統一に干渉し、満州への支配を強めようとする日本の活動は失敗した。

3　協調外交の挫折 ── 日本は次にどう進むか

　『新しく首相となった浜口雄幸が、1930年に欧米との間に結んだ条約は？』ロンドン海軍軍縮条約だ。日本は軍艦数を米英の70％弱に制限することに応じた。それはなぜか。恐慌の中、軍事費を減らして国民の負担を軽くし、欧米との対立を避けるためである。中国に対しては、蒋介石政権を認めて平和的に貿易を拡大しようとした。『こういう外交を何と呼ぶか。漢字4文字』「協調外交」『浜口はどうなるか』弱腰だと批判され、反対派に撃たれてやがて死亡。協調外交もまた挫折に追い込まれた。

　国民の権利拡大・中国への干渉・欧米との協調、どれにも失敗した日本は次にどう進むだろうか。

Ⓐ

〈参考〉小林多喜二 『一九二八年三月一五日』より

渡（わたり）はだが、今度のにはこたえた。それは畳屋の使う太い針を身体に刺す。 一刺しされる度に、彼は強烈な電気に触れたように、自分の身体が句読点 位にギュンと瞬間縮まる、と思った。彼は吊るされている身体をくねらし、口をギュンとくいしばり、大声で叫んだ。／「殺せ、殺せーえ、殺せーえ!!」／それは竹刀、平手、鉄棒、細引でなぐられるよりひどくこたえた。

＊プロレタリア文学の代表的作家小林多喜二が、体験者から聞いて書いた拷問の場面である。彼自身もまた、こうした拷問の犠牲となった。だが、今日では小説『蟹工船』の作者として記念切手にも取り上げられている。

Ⓑ どこの国の国旗？

青天白日満地紅旗と呼ばれるこの旗は、日本と同様に太陽をそのシンボルとする。太平洋戦争後、中国共産党との内戦に敗れた国民政府が台湾に移ると、この旗は引き続きその国旗として使用されて今日に至る。

2020年現在、中華民国を国家として認める国は世界に15か国ある。

Ⓒ 北伐とは？ ── 蒋介石の行動をたどろう

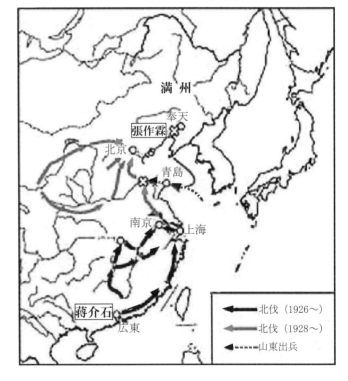

〈参考〉

内閣制度発足から戦後の日本国憲法施行までの首相経験者は32人。うち、政党党首から首相となった原敬・浜口雄幸・犬養毅は在任中のテロで全員命を奪われた。（大江志乃夫『戒厳令』中公新書）

26 満州事変と国際社会
——軍部と政府はどの道を進むか——

> 新聞記事を読み、事実との違いを知って満州事変から満州国誕生までの流れをつかむ。満州問題が火種となって国内や国外にどんな出来事が起きるかをたどり、今後の日本の針路を考える。

1 柳条湖で誰が何をしたか ——"逆転"で掴む事変の真相

『1931（昭和6）年9月18日の事件を知らせた新聞です』（Ⓐを配布）『①中国（支那）兵は何をしたか。②わが守備隊（日本軍）は何をしたか。読みとろう』（書きこみ・相談可）①中国兵が日本の管理する南満州鉄道の線路を爆破し、②日本軍が中国側の基地（北大営）や奉天市を占領したとの報道を読みとる。『日本軍の行動をどう思うか』感想を発表。一部から正解が出ても動じない。

『では、柳条湖で線路を爆破したのは本当は誰か』（教科書をチェック）「関東軍がやったんだ‼」つまり、日本軍は自作自演で戦闘を始め、満州各地を占領したのだ。これが満州事変である。

『でも、国民は事実を知らされない。先ほどの君たちのように日本軍の行動を…』「正しいと思う」『中国兵を』「悪いと思う」国内では、中国の勝手な行動を許すなという声が高まっていった。

『翌年、清の最後の皇帝・溥儀を飾り物として関東軍がつくった国は？』「満州国」実際の支配者は日本人である。満州は中国本土から切り離され植民地化されていった。（満州に関するデータを紹介）

『満州－広い土地と豊かな資源。日本－多くの失業者と小作人。日本人は？』多くの移民が海を渡った。

2 首相官邸で誰が何をしたか —— 五・一五事件と政党政治の終わり

『日本政府が満州国を国として認めることに賛成か反対か』両論を出させる。『政党内閣をつくっている犬養毅首相はすぐには認めなかった。満州国を認めるとどの国々との関係が悪くなるか』「中国」さらに、日本が満州を奪えば、他国との貿易や企業進出の機会が減るので日米・日英関係も悪くなる。米英に物資・資源を頼る日本にとって、それは逆にマイナスだと犬養は考えた。かつての日本は日露戦争での厳しい戦いを米英の支援で乗り切った。その協力関係が悪化すれば元も子もない。

『犬養首相はどうなるか』予想して教科書でチェック。32年に五・一五事件で海軍若手将校たちに首相官邸で射殺された。これで政党内閣が終わって軍人が首相となり、9月には満州国を認めた。

政府は軍の進もうとする道に足並みをそろえ始めたのである。その結果、何が待っているか。

3 国際連盟の総会で何が起きたか —— 脱退につながった満州問題

『満州を奪われた中国はどうするか』（予想）その動きを日本の少年雑誌はどう伝えたか。（Ⓑを提示。気づくことを発表）「中国が日本をチクっている」「中国は弱虫で日本はよい子」「れんめい・りじくわいと書いてある」つまり、国際連盟（理事会）に中国が日本の侵略を訴えたのである。

『連盟はどうする？』イギリスなど5か国の調査団を満州に派遣。日本の権益は認めるが、満州国は独立国と言えないので日本は軍隊を引き揚げることを団長は求めた。『この報告に賛成か』連盟は33年の総会で多数決を行う。賛成42か国・反対1か国（他に棄権1）で総会は報告を可決した。

『ただ一つ反対した国は？』「日本」国際社会は日本を「よい子」と認めなかった。『日本は総会の決定に従うか』何人かに聞く。教科書で確認すると「連盟脱退」。日本は世界から孤立した。

では、当時の人は満州問題と国連脱退問題をどう考えたか。ⒸⒹ二つの考えを紹介して自分の考えを記させたい。生徒たちは、日本の軍部や政府が進もうとする道をどう"追思考"するだろうか。

Ⓐ

日支遂に交戦す

支那兵満鐵線を爆破 わが守備隊戰闘開始

先陣北大營の一部占領

【奉天十八日発聯合至急報】十八日午後十時半北大営の西北において暴戻なる支那兵が満鉄線を爆破しわが守備兵を襲撃したのでわが守備隊は時を移さずこれに応戦し大砲をもって北大営の支那兵を襲撃し北大営の一部を占領した

奉天を完全に占領

城内の支那兵武裝解除

（東京日日新聞夕刊　1931年9月20日）

〈参考〉満州に関するデータ

◆面積と人口（1930年）

満州	119万5335㎢・3536万6191人（1㎢あたり30人）
日本（内地）	38万2521㎢・6445万0005人（1㎢あたり169人）

※面積は日本の３倍強。人口密度は日本の５分の１以下。

◆産物

大豆	世界の70%・４千万石を生産。日本の年間大豆消費８百万石のうち５百万石は満州から輸入。
石炭	920万トンを産出（1929年）。うち196万トンを日本に輸出。シェールオイルも産出。

◆満州で働く人の平均日給（1930年）

大工	日本人３円53銭	中国人１円29銭
雑用	日本人１円91銭	中国人　54銭
農業	朝鮮人　80銭	中国人　49銭
肉体労働		中国人　54銭

（東亜経済調査局編『満蒙政治経済提要』改造社 昭和７年・郷土教育連盟編『満州国の教材』刀江書院 昭和７年）

Ⓑ

あいつ
とてもわるい
あります

（『少年倶楽部』昭和６年12月号 講談社）

Ⓒ 脱退支持の日々新聞の主張（33年・要約）

外国に侮辱されるより、孤立しても日本の道を行くべきだ。国際連盟を抜けると影響力を失うというがそれは違う。

なぜかといえば、大国としての日本の地位は、連盟から与えられたのではなく日本の実力によるのだから。

抜けると孤立するというが、抜けなくてもそれは同じ。日本の正しい方針を実行する決意が国民にあれば恐れる必要はない。

Ⓓ問題解決の方向・石橋湛山（31年・要約）

日本が外国の支配を嫌がるなら、中国国民だって嫌がる。その感情は同じである。

今、中国は国の統一の過程にある。それに干渉せず、相手を尊重して平和的に交流・貿易すれば問題は起きない。

満州を失えば国が危ないと言うが日本海で十分防げる。満州に頼る日本はアメリカや世界にもさらに多くの輸出入を頼る。中国国民や世界の国を敵に回して日本の国益を守れるはずがない。

27 激しい抵抗と果てしない戦線
──日中全面戦争へ──

二・二六事件によって政党の力はさらに弱まり、軍部の力がさらに強まったことを理解する。
日中戦争はなぜ拡大し長期化したかを考え、中国がどんな体制で日本の侵略と戦ったかを知る。

1　首都で起きた反乱 ── さらに強まる軍部の力

　1936（昭和11）年2月27日、このような記事が新聞に載った。（Ⓐを配布。音読）『何カ所襲撃されたか』「7か所」『どんな人が襲われたか』首相や大蔵大臣。彼らは国政の要である。教育総監は陸軍の教育のトップ、内大臣や侍従長は天皇を助ける役職だ。いずれも一挙に殺傷された。

　『この出来事を何というか』「二・二六事件」一部の青年将校だけで実行できるか。既習知識を発表させ、教科書の写真を読みとらせる。「軍隊が反乱した」五・一五事件の参加者は35人だが二・二六では1558名が反乱。警備の警官と交戦し5名を射殺した。教師は将校になりきってこう演説したい。

　『日本は世界から孤立した。だが、軍縮条約で軍の力は抑えられた。それは政治家の間違いだ。彼らは国民のことを考えず悪さばかりする。だからみんなの生活が苦しい。これでいいか』「よくな～い」『口ではなく行動だ。悪人たちを倒して軍人による新しい政治、昭和維新を天皇の下で始めよう』「オー」『成功するか』（口調を改める）「しない」肝心の天皇が動かない。反乱は鎮められ、指導者とされた21名は処刑された。

　『軍人に逆らうとどうなる？』「殺される」『反乱したのは軍、押さえたのも』「軍」『満州国をつくったのも』「軍」『軍部の力はますます…』「大きくなった」

2　盧溝橋事件のもたらしたものは？ ── 背番号14・伝説の投手と日中戦争

　この事件と同じ1936年に7つの団体が集まってある組織がつくられた。（予想）『この人もいた』（Ⓑを投影）「澤村栄治だ」「伝説の投手」「澤村賞がある」この年、東京巨人軍など7球団が日本職業野球連盟を結成してプロ野球リーグ戦を始める。澤村はすでに34年に巨人軍に入団していた。

　『彼の書いた文を4行目まで読もう』（Ⓒを配布）『満州事変は終わっている。その6年後また戦争が起きたの？』反応を受け、いつ・どこで・何がきっかけで・どの国が戦争したかを調べさせる。1937（昭和12）年7月7日、北京郊外で日中両軍が交戦する盧溝橋事件が起き、上海にも拡大して日中戦争が始まったことを確認する。続いて、Ⓒの続きを最後まで読ませよう。

　『澤村選手が行った場所をⒹの地図に○で囲もう。分かることは？』　広い中国を転戦し、命がけで戦ったのであった。（手りゅう弾の投げ過ぎなどで肩をこわした彼は、復帰後思うような投球ができないまま1944年に引退。すぐに軍隊に戻され、その12月に載っていた船が沈められて戦死した）

3　なぜ戦争は長引いたか ── 侵略と戦う中国の抵抗

　続いて、Ⓓの地図を見て37・38・39年の日付を違う色でマークさせる。『日本軍の進路と戦争の広がりについて何が分かるか』「37年にはどんどん進んで広い地域を占領」「38年からはゆっくりになり、39年にはあまり動けない」「北は占領したけど、西や南はそうはいかない」

　『すぐ勝負がついたの？』「つかない」「長引く」『なぜ中国は降伏しないか』「負けたら国が亡びる」『中国はどんな体制をつくって戦ったか』（教科書で確認）蒋介石の中国国民党と毛沢東の中国共産党が戦いをやめて抗日民族統一戦線をつくり、国を挙げて侵略に抵抗した。首都南京で住民を多数殺りくされても、漢口、重慶へと首都を移してねばり強く戦う。戦争は果てしなく続いた。

Ⓐ

【二十六日午後八時十五分　陸軍省発表】

本日午前五時ごろ一部青年将校は次の場所を襲撃した。

首相官邸　　　　　　　　　　岡田首相即死
斉藤内大臣私邸　　　　　　　内大臣即死
渡辺教育総監私邸　　　　　　教育総監即死
牧野前内大臣宿舎　　　　　　牧野伯爵不明
（湯河原伊東屋旅館）
鈴木侍従長官邸　　　　　　　侍従長重症
高橋大蔵大臣私邸　　　　　　大蔵大臣負傷
東京朝日新聞社

その理由は、彼らの文書によれば、国の内外が危機の時に主な大臣や政党・財閥など日本を破壊する者たちを倒して、本来の正しい政治を行うことにある。
これに関係して、東京にいる部隊に非常警備体制をつくらせた。

（一部誤報・要約）

Ⓑ

Ⓒ

戦線より再び投手板に還りて　澤村栄治

戦線から帰った最近では時々寝られない夜がある。自分は昭和13（1938）年に入隊した。ちょうど事変が起きた翌年であり、すぐ戦争に出かけられるよう猛訓練をやらされた。

生まれて初めて戦争という現実にぶつかる気持ちは口では言えない。青島をふり出しに2年にわたる転戦が始まった。

徐州の戦いに参加し、9,10,11月は漢口作戦に加わる。山の中の激戦では、敵の機関銃に左手中指の関節をうちくだかれた。だが、いちおう南京に引き返して約1ヶ月治療した後、再び前線へ戻っていった。

生きて帰れるとは思わず、野球について考えたことはなかった。しかし、今年（1940年）4月に除隊となった。

その20日後、巨人軍に戻り青々とした芝生の上に立って白いボールを握った嬉しさ、その嬉しさは死を乗り越えた者にしか味わうことはできない。

マラリア再発など今の自分はまだ昔の澤村に返っていないが、会心の投球ができるよう毎日新たな気持ちでやっている。

（『モダン日本』1940年9月号　要約）

Ⓓ　澤村栄治が行った□の地名を○で囲もう。
　図の37・38・39を違う色でマーク。
　分かることは？

- 75 -

＊ プロ入り後から戦死までの澤村栄治のあゆみ

　1935年、第一次アメリカ遠征に参加。21勝8敗1分けの戦績を残す。同じ年の国内での巡業では22勝1敗。翌1936年の第2次アメリカ遠征でも11勝11敗をあげている。

『野球界』1941年7月第2号の表紙を飾る澤村栄治（左）

　そしてプロ野球リーグが開始された1936年秋に中山武とのバッテリーでプロ野球史上初（昭和初、20世紀初）のノーヒットノーランを達成する。同年12月、大阪タイガースとの最初の優勝決定戦では3連投し、巨人に初優勝をもたらした。1937年春には24勝・防御率0.81の成績を残して、プロ野球史上初となるMVPに選出された。さらにこの年は2度目のノーヒットノーランも記録。

　しかし、徴兵によって甲種合格の現役兵として帝国陸軍に入営、1938年から満期除隊の1940年途中まで軍隊生活を送り日中戦争に従軍。前線で手榴弾を多投させられたことから生命線である右肩を痛め、また戦闘では左手を銃弾貫通で負傷、さらにマラリアに感染した。

　復帰後はマラリアによって何度か球場で倒れたり、右肩を痛めたことでオーバースローからの速球が投げられなくなったが、すぐに転向したサイドスローによって抜群の制球力と変化球主体の技巧派投球を披露し、3度目のノーヒットノーランを達成した。

　その後、応召により予備役の兵として軍隊に戻り1941年終盤から1942年を全て棒に振り、さらにはサイドスローで投げることも出来ず、肩への負担が少ないアンダースローに転向した。しかし、制球力を大幅に乱していたことで好成績を残すことが出来ず、1943年の出場はわずかだった。

　投手としては、1943年7月6日の対阪神戦の出場が最後で、3イニングで8与四死球と2被安打で5失点で降板となった。公式戦最後の出場は同年10月24日、代打での三邪飛であった。

　1944年シーズン開始前に巨人からついに解雇された。移籍の希望を持っていたが、鈴木惣太郎から「巨人の澤村で終わるべきだ」と諭されて現役引退となった。

　引退後、1944年10月2日に2度目の応召（現役兵時代を含め3度目の軍隊生活）。同年12月2日、フィリピン防衛戦に向かうため乗船していた軍隊輸送船が、屋久島沖西方の東シナ海でアメリカ海軍潜水艦「シーデビル」により撃沈され、屋久島沖西方にて戦死。特進で任陸軍伍長。27歳没。

（ウィキペディアほかによる）

────────────────────────────────

　亡くなった私の義父は戦前から大の野球ファンで、澤村の投球を何度も球場で観戦したそうだ。高く足を挙げてくり出すボールはものすごい速さで、打者を追いこんでから投げる落差のあるドロップは誰も打てない。バッターたちは彼が決め球を投げた瞬間にくるっと向きを変え、さっさとバッターボックスから出てベンチに引き上げていったと愉快そうに語っていた。

　その名投手の肉声をどう今の生徒に伝え、戦争との関係でどう教材化するかさらに考えたい。

巨人軍・沢村投手

に負傷した時でも右手でなくて左手でよかつたと考へた事もなかつた、戦争に対して自分は無我夢中だつたのである。戦争に身も心も打ち込んでゐたのである。だから敵を斃すことは恰も下手な打者を三振させるやうに上手になつた。いよく〳〵帰還の途中雲霧附近に於て滞在中タイガースの捕手小川伍長に会つた時はそれ迄忘れてゐた職業意識が猛然と蘇み返つてきて小川伍長が持つてゐた野球界を引つたくつてむさぼり読んだことを覚えてゐる。かくて昭和十四年八月九日原隊に帰還して初年兵係りとなり今年の四月九日除隊の命を受けたのである。

それから約廿日間かゝつて戦塵を洗ひすぐさま巨人軍へ復社するや否や青々とした芝生の上に立つて白いボールを握つた時の嬉しさ、この嬉しさは死線を乗り越えてきた者だけにしか味へないものである。復社後の自分は専ら身体の回復に努力した。出征前より約一貫五百匁減つた体力を元通りにしなくてはプレート上の力は出ないと考へ毎日軽い肩馴しをやる傍ら体力の充実に心懸け約一ケ月努力した。その甲斐あつて除々によくなりつゝあつた六月中旬藤本監督から一度投げてみないかと言はれたので自分としては焦つては不可ないと思ひつゝも自分の腕を試めして見気に逸つて遂に覚悟を極め南海戦に登場した。この試合は味方の打撃がよく揮つたので五対一で快勝した。暫くおいて阪急戦に登場した自分は三回にして惨めにもノックアウトを喰った。この成績からして沢村は昔の沢村に返へらないのぢやないかとの噂を耳にしたこともあつたがこの日の自分の調子は極めて悪かつたのである。といふのはその日の朝からマラリヤが再発してゐたやうに覚えてゐる。もちろん寝るほどの甚いものではないがそれでも熱は丗九度あつたやうに覚えてゐる。七月六日名古屋との一戦は実に会心なものであつた。

春巨人軍と優勝争ひを演じた名古屋を無安打無得点、自分としては出征前の記録を再現したわけであるがこの時は確かに前途に光明を認めた気持で非常に嬉しかつた。

然しながら現在の自分はまだ昔の沢村に返へつてゐない。だから自分としては毎日昔の沢村を忘れて新規蒔直しの気持でやつてゐる、まづスタルヒン君の域に達しやうと心を励ましてゐる。

これから暑い満洲へ出掛けるのであるから自分が会心の投球を行ふ時分は恐らく九月頃になることゝ思つてゐる。果たして昔の沢村に返へるかどうかは初秋の風が吹き出す頃になつて始めて問題にされてもよいと思つてゐる。

『モダン日本』十五年九月号

戰線よ再び投手板に環えて

澤村栄治

粛な気持は何物にも形容することが出来ないものであった。必らず勝たねばならぬ試合のプレートにのぼる時でもあんな心が引き締る心持がしたことはなく、恐らく今後といへどもさうした気持には絶対なれないと思つてゐる、それほど戦争といふものは大きなものである。

青島を振り出しに約二ケ年にわたる吾々の転戦は始まつた。済南、徐州の攻略戦に参加し次いで九、十、十一の三ケ月間漢口作戦に加はつて大別山中央突破さらに襄東作戦と文字通りの大追撃戦であつた。

その中でも漢水北方の襄東作戦に加はつた時の言語に絶する苦闘、苦難の記憶は恐らく一生涯消え去らないと思つてゐる、それほどその時の印象は深かつたのである。何しろ持てる物を全部背負つて一ケ月の間に三百里程の山嶮峨々たる難路を強行したのであるから今から思ふと全く人間業でないやうな気がする。頭がボーッとするやうな暑さと眼を蔽ふ黄塵の中を進みつゝ敵を蹴散らしながら行くのであるから将兵の労苦は一方ではない。

自分は軽機関銃の射手であるから言ふまでもなく最前線であつたが、連日連夜の行軍に一度も落伍したことのなかつた事は唯一の戦功だと自負してゐる、そして行軍しながら嬉しく且つ心丈夫に感んじたことは投手をやつてゐた関係上腰が非常に強かつたことである。

行軍で腰が弱くては駄目だ、前と後ろの腰にくつゝける実弾でも相当の重荷なのにその他ありとあらゆる物を背負つてゐるのだから腰の弱い者は大抵参つて仕舞ふ。さらに手榴弾を投げる時にも他の者より遠くに投げて敵を仆したことも屢々あつた。

かくて漢口地方を転戦する裡十月始め大別山中の激戦で不覚にも敵のチエッコ機関銃に左手の中指の関節を打ち砕かれた。吾々の主力が悪戦苦闘を繰り返すほどの激戦だつたから自分の負傷など物の数ではなかつた、併し一応南京に引返して約一月の治療の後再び前線へ立ち返つたのである。

自分は青島に上陸して以来生きて帰れるとは思はず従つて自分の職業の野球について一度も考へたことは無かつた、いや考へる暇がなかつたのかもしれない。生死の境を彷徨してゐる時にそんなことを考へる余裕が無かつたと言つてもよいかも知れない、そして左手

戦線から帰還後の最近では屡々眠られない夜がある。軍隊に入る前にはゴロリと横になると直ぐさま熟睡に落ちてしまふ実に他愛ないものであつたが殊に近頃のやうな暑い夜になるとなか〳〵寝つかれない、恐らく戦争でいら立つた神経がまだ完全に静まつてゐない故だらうと思ふ。そこで眠られぬ儘に過ぎこし方の追想にふける時、これは夢ではないかと思ふほど過去のさま〴〵なことが恰も規則正しい走馬燈のごとく次ぎから次へと明瞭に浮んでくる。何度想ひ出しても飽かない懐しい思ひ出ばかりだ。京都商時代夏の甲子園で活躍した言はゞ球界のスタート時代からベーブ・ルースやゲーリツグさてはゲリンジャー等の大選手を網羅した米大リーグ選手の一行が来朝した時などは吾ながら華やかな時代であつた。力一杯に投げ込めばバットをクリーと振つて呉れるのだから愉快な絶頂であつた、中でも静岡での一戦はいまだに強く記憶に残つてゐる。何しろルースを始め名だたる大打者を殆んど三振に討ち取り殊にベーブ・ルースのごときはオール三振だつたと覚えてゐる。残念だつたことには七回だつたかにゲーリツグにホームランを打たれ遂に一対零で負けたのであるが自分としてはあれほど力の入つた試合は恐らく始めてど最後であるかも知れないと思つてゐる。何んでもその時の好投がコニーマック老の眼がねにかなひ渡米の勧誘を受けたと後で聴かされた。この話は昭和九年秋のことで十年十一年には東京巨人軍に属して米国遠征に加はるほか当時始めて結成された職業リーグ戦に巨人軍のプレートを踏んでゐた。

当時新興日の浅い職業野球に身を投ずる者に対しては殆んど理解なく異端者扱ひの傾向があつたがそれにも拘らず敢然と飛び込んで行つた自分の先見の明は大いに買つて貰らはねばならないと思つてゐる。そして事実痛切に感んじたことは名前はプロといふ商売であつても、試合に対する選手の気持と身体を唯一の資本とする建前上、ふだんの私生活においても何んらルーズな所がないばかりでなく寧ろ場合によつてはアマチュア以上の真面目さであつたことは、吾々をして周囲の冷眼を排撃する勇気をつけるに十分であつた。

かくする裡入営適齢期となつた自分は昭和十三年×月×日×連隊へ入営した。

時あたかも事変の勃発の翌年であり初年兵の吾々もすぐさま戦争に出掛けるべく入営の翌日から猛訓練をやらされた。気分と肉体的に可成り自由だつた選手との時と比較すると全く苦しい日の連鎖には相違なかつたが人一倍身体の頑丈な自分は左程困まらなかつた、併し或る時上官から撲ぐられた事もあつた、その時は吾を忘れてカーッとしたが後で冷静になつて考へるとこれが所謂軍隊生活だといふことが分りかけて来た。漸くさうした気分がわかりかけた頃吾々は青島(チンタオ)へ出動を命ぜられた。生れて始めての戦争それも学校の歴史で教つた戦争といふ現実にぶつかつてゆく厳

28 ぜいたくは敵だ
——戦争の長期化と人々の生活——

日中戦争での兵士の戦いを多様な資料からリアルにイメージする。戦争が長期化すると生活や教育文化がどう変化したかを調べ、政府が戦争推進のためどんな組織をつくったかを理解する。

1 広大な敵国で歩いて戦う —— 兵士にとっての日中戦争とは？

日清・日露の戦争は2年弱で終わったが日中戦争は終わりが見えない。遠く離れた敵国で日本の兵士はどう戦ったかをイメージさせたい。（Ⓐを配布）**『交代しながら読みます。「!!」と思ったところに線を引き、いちばん心に残った文の番号に○をつけよう』**（理由を書いたり班で話しても可）発表から学びあう中で生徒は日中戦争の戦場に近づいていく。教師は例えば以下の事項などを補説したい。

①1936年の自動車生産はアメリカ445万4千台、日本5千台（『昭和13年版日本国勢図会』）。兵士は敵だらけの広い中国を食糧・弾薬・武器持参で歩く。馬も騎兵以外は乗れず輸送用が基本であった。

②歩けなれば置き去りだ。「どこまで続くぬかるみぞ 三日二夜を食もなく」（『討匪行』）「泥水すすり草をかみ 荒れた山河を幾千里」（『父よあなたは強かった』）と、その苦しさは当時の軍国歌謡にもある。傷ついた「戦友（とも）を背にして道なき道を」（『麦と兵隊』）何人の兵が歩けただろうか。

③中国の半分を占領してもその広さは日本の約10倍。90万人の日本兵は10㎢に3人しか配置できない。その動静は住民から敵軍に筒抜けだ。日本軍の損害は増えていった。

④日本人に愛国心があれば中国人にもある。国を侵略されればみな協力して抵抗したのであった。

⑤中国側の死傷は日本兵より多い。民間人にもさらに多くの被害が生まれたことに気づかせたい。

2 なぜぜいたくにあこがれたか —— 生活・教育・文化の変化

次にⒷを投影。時代は日中戦争3年目の1940（昭和15）年だ。反応を受けて気づくことを聞く。男子はみな丸刈りで下駄ばきであった。**『住民Xはこの立て看板にひらがな1文字を入れて警察を激怒させた。やってみよう』**（発表）ぜいたくは「す」てきだとなれば意味が逆転する。

『なぜそれほどぜいたくにあこがれたか』「生活が苦しくなった」と言うが具体的ではない。そこで生活・教育・文化・植民地の4つを班内で分担させ教科書で調査。ノートに記入して交流・発表につなぐ。配給と切符制と価格統制・小学校の国民学校への改変と軍国教育・戦争批判禁止と戦意高揚、さらには朝鮮での日本語使用や神社参拝強制、創氏改名、朝鮮人志願兵制度の実施などを押さえたい。

『では、国の予算の何%が戦争に使われたか』 グラフ全体を隠してⒸを示し、左から右へ順次見せていく。満州事変の年から増え始め、日中戦争を機に70%前後に急増することが一目瞭然。反対に、国民のために使う費用は年々減っていった。ぜいたくなど夢のまた夢となった。

3 日本政府はどこへ行く？ —— 全てを戦争のために

長引く戦争、軍事費と戦死者の増大・苦しくなる生活…**『帝国政府はこれからどうすればいいと思うか』**（相談）教師は机間巡視しながら何人かを指名、意見を板書させて日本の岐路を考えあう。

『実際には何をしたか』 教科書で検証すると、戦争推進の体制をつくったことが分かる。まず1938年には、日本の人・モノ・コトを自由に政府が動員できる法律がつくられた。**『何という法律か』**「国家総動員法」**『政党も解散して一つの国民組織をつくる』**「大政翼賛会」**『労働組合も解散して代わりに』**「産業報国会」国民は町内ごとに隣組にまとまり、全員で戦争を支えるしくみができた。

Ⓐ

戦場の兵士たち ── 当時のベストセラー小説や記録から （要約）

◆中国を歩く

①「基本の軍装を兵士にさせ、量（はか）ったら 32.2kgあった。背中のカバンに必要なものを入れる外、毛布１枚、水をつめたビール瓶１本、防毒面その他。まるで乞食の引っ越しみたい…着いた時に靴を脱いでみたら、泥水に濡れたまま歩いているうちに靴下はちぎれ、とけてなくなっていた。足はマメをふみつぶして板のよう。爪は黒くなってはげてしまった」 （火野葦平『土と兵隊』改造社、1938 年）

②兵士は１日 20kmを武装して歩いた。「小休止中（しょうきゅうし）、『ドカーン』とものすごい音が聞こえる。中隊長たちがその爆音のした方へ駆け寄る。ああ…。体力・気力のつき果てた若い兵士（中略）が苦しみに耐えかね、自ら手りゅう弾を発火させ、胸に抱いて自殺するのである…作戦中この連隊では38名の自殺者を出した」 （『歩兵第二百十六連隊戦史』、吉田裕『日本軍兵士』中公新書より）

◆中国で戦う

③「後ろから私に落ちかかるようにすがった者がある…包帯をしてくれ、とその兵隊は言った…負傷していると思われる所に手をやると、ぐじゃりとした柔らかいものの中に指が入り、ひやりとした…左手はひじから先が半分削がれたように無くなって骨が出ている…自分の体も血にまみれた…このせまい壕の中にも負傷兵が五、六名いる」 （火野葦平『麦と兵隊』改造社、1938 年）

④「戦闘中にも、敵兵の中に土民（住民）が加わっていて、弾薬を運んだり、壕を掘るのを手伝ったり、中には兵隊と一緒に手りゅう弾を投げているのをしばしば見ました…よぼよぼの老人を調べてみると、その手籠の中に手りゅう弾を入れていたこともありました」 （『麦と兵隊』）

⑤陸軍の発表によれば、中国各地の戦場で1937～40年までに数えた中国兵の死体は158万7600人である。住民の死傷はさらに膨大な数となった。 （藤田親昌編『支那問題辞典』中央公論社、1942年）

〈**参考**〉陸軍の戦死者は37年が５万１千人、38年が８万９千人、39年が８万２千人。中国にいる90万人の日本兵は、補充がなければ６年でゼロになる計算であった。

Ⓑ

Ⓒ **国の予算の中の軍事費の割合 ── 気づくことは？**

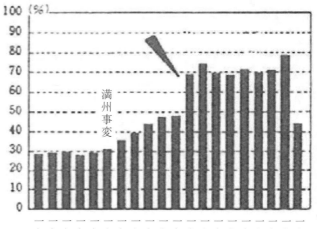

＊ 地域の兵士と日中戦争
──短歌集・従軍手帳をどう授業に生かすか／発展学習──

1　図書館の郷土コーナーや仏壇から ── 名もない兵士の声をどう地域の生徒に届けるか

　私が熱海市立多賀中学校に赴任して職員室の書棚を見ると、地域の平井菊夫さん寄贈の歌集『蜜柑の園』がある。開くと、日中戦争・上海戦での苛烈な戦闘が何首もの短歌に詠まれていた。（Ⓑ）

　また、ある女生徒は「先生、戦争で亡くなった人の手帳が仏壇にあります」と話し、中国で戦死した小藤田房雄伍長の遺品である従軍手帳を見せてくれた。その内容の一部がⒸである。

　伊東市の稲葉源一郎さんは、中国各地を転戦する中で詠んだ短歌を軍隊手帳に記して持ち帰った。彼の歌集『桧山』でそれを知った私は、ご家族から手帳をコピーさせていただいた。（Ⓓ）

　そうした名もなき兵士の体験や思いは、どう授業化すれば地域の生徒に伝わるのだろうか。

2　負傷・戦死・捕虜銃殺 ── 地域の兵士は戦場で何を体験したか

　まずⒶを投影。すでに学習した盧溝橋事件の速報だ。1937（昭和12）年7月7日、中国軍の不法射撃に日本軍が厳重抗議したとある。**『真実を知らない国民はどう思う？』**「許せない。戦え」すぐに多数の兵士が動員された。『多賀の平井菊夫さんの部隊は中国のどこへ行ったか』（Ⓑを配布）「上海」教科書の関係地図で確認する。上陸は盧溝橋事件から約2か月後の9月5日であった。

　だが、3800名の連隊は9月21日までの2週間で346名が戦死した。日本軍の侵攻に中国軍は激しく抵抗したのだ。22日には1日で15名が戦死。平井さんも咽喉に重傷を負って後送された。一首ずつ短歌を詠むと戦いの激しさとその極限体験がひしひしと伝わってくる。（戦闘の様子や大情況は『歩兵第三十四連隊史』を参照。各県の連隊史などを読むと地域の兵士の行動やその背景が分かる）

　『では、多賀の兵士は全員が生還できたか』　「できない」せまい地域だが日中戦争では16名が戦死した。その一人、1939年3月13日に戦死した小藤田房雄さんは何を考えていたか。（Ⓒを配布）奇跡的に戻ってきた従軍手帳の一部を読ませ、思ったことを発表させたい。

　故郷が恋しい。坊やを思い出す。でも、この戦いが日本のためだと思って戦死を覚悟する。今の我々はこの戦争が他国への侵略だと知っているが、なぜ当時の人はそう考えなかったか。戦死者を数で見るのではなく、本音と建前の間で悩み迷う自分と同じ人間として歴史の中でとらえさせたい。

　一方、熱海市の隣りの伊東地域から動員された稲葉源一郎さんはどんな体験を短歌で表すか。Ⓓを示して原文読解に挑戦させる。捕虜の「共匪」（中国共産党の民衆兵）の銃殺に直面した時、自分であれば何を思うか。稲葉さんは、19歳で覚悟の死を迎える若者の最後の姿を「支那服ながくすっきりと　笑みて立ちたり」と描写した。信念に殉じる一人の人間の荘厳さを、敵味方の立場を越えてみつめる姿勢がそこにはある。自地域には、あの戦争の中でもこのような人がいたのであった。

3　さまざまな兵士の思いをすくい取る ── 地域から深く戦争を考えるために

　こうして、仏壇や短歌集などの中から地域の兵士たちの思いや足跡を掘り起こしたい。戦死を名誉と記す資料も、戦場の惨禍を伝える資料も、非人道的行為を見つめる資料もあるが、それは当時の人々がこぞって戦争に動員され、参画し、被害者や加害者となっていったことの反映である。

　教師の恣意によりその一方を切り捨てるのではなく、例えば以上のようにⒷⒸⒹの資料を配列して多面的に戦争を学ばせてはどうか。その探究がさらに戦争動員のしくみに向かい、地域から深く戦争の実相を考えていく時、本当の意味で平和を支える力が生徒の内面に育っていく。

Ⓐ

號外　読賣新聞
昭和十二年八月八日

支那軍不法射撃
我軍嚴重抗議す

『北平八月八日發同盟』　當地駐屯の我部隊一個中隊が七日夜夜間演習中午後十一時四十分ごろ盧溝橋付近において不法にも突如支那側より數十發の射撃を受けたるを以て直ちに演習を中止し敵状を視察するとともに嚴に取敢へず發砲支那部隊長に對し最嚴重抗議を要求し交渉中であるがいまだ不法發砲の支那兵は海治安の第卅七師の一個營である。

Ⓑ

上海戦

八人の生死は一つ息を呑む
瞬時を照らす敵の照明弾

濁水の淀める邑に撃たれたる
水牛浮きて異臭を放つ

火焔放射機負ひてトーチカに進みたる
一等兵はつひに帰らず

凄まじき砲火も消えし戦場に
敵味方なく照らす月あり

看護婦の髪の匂ひをなつかしみ
陸軍病院に検温を待つ

Ⓒ

小藤田房雄　従軍手帳より（戦死）　※一部省略

軍国の母

恋しき故郷を後にして　山なす玄海　波越えて
行く先知らねど　北支那の　しかも国境警備隊
面会人とて　さらになく　着いた便りの嬉しさよ

歓呼の声や旗の波　思えばあの日も雨だった
坊やは背ですやすやと　旗を枕に眠っていたが
ほほに涙が光っていた

散れよ若木の桜花　男子と生まれ戦場に
銃剣とるのも国のため　日本男子の本懐ぞ

生きて帰ると思ふなよ　白木の箱が届いたら
でかしたせがれあっぱれと　お前を母はほめてやる

Ⓓ

稲葉源一郎　従軍手帳より　次の二首の歌を詠んでみよう

銃口　支那服（中国風の長い服）　笑みて　立ちたり

※　銃殺　一時　煙草　くゆらす　若き　共匪（中国共産党軍の兵士）

- 83 -

29 第二次世界大戦の始まり
──ヨーロッパに広がる戦火──

ドイツの侵攻で第二次大戦が始まり、ヨーロッパにどんな変化が生じたかをつかむ。ナチスがユダヤ人などを迫害して何をめざしたかを考え、反ファシズムの様々な動きと独ソ戦の一端を知る。

1　ドイツのヒトラーがなぜパリに？ ── 地図から読み取るヨーロッパの戦争

　『分かることは？』（Ⓐを提示）「ヒトラーだ」「エッフェル塔？」「フランスだ」『**ドイツのヒトラーがなぜパリで記念写真をとるか**』　応答を受けて教科書で検証。第二次大戦では1940年にフランスがドイツに降伏したことが分かる。そこでヒトラーはパリに乗りこみ記念撮影をしたのであった。

　『この大戦はいつどんなことから始まったか』ドイツ軍が39年にポーランドを侵略し、英仏がドイツに宣戦布告して始まった。英仏側を連合国、独伊側を枢軸国と呼ぶことを押さえたい（イタリアは40年に参戦）。『**教科書のヨーロッパ地図を見て、枢軸国やドイツが占領した国に斜線を引こう**』

　「大部分をドイツが占領」「アフリカも占領」「ソ連も攻めた」「イギリスは攻めない」ソ連もフィンランドを攻め、続いてポーランドを侵略した。イギリス上陸をあきらめたドイツは、独ソ不可侵条約を破って41年に突然ソ連に攻め込み独ソ戦が始まる。戦禍は東ヨーロッパを越えてさらに広がった。

2　膨大な靴の背後には？ ── ヒトラードイツのねらいとユダヤ人迫害

　次は黙ってⒷを投影する。「靴だ」「すごく多い」「種類がいろいろ」「なぜこんなにあるの？」「ここはどこ？」『この靴のある建物の写真は教科書にあるよ』（一斉に探す）「アウシュビッツだ」「ユダヤ人をここで殺した」「ガス室」「靴の持ち主は殺された」膨大な靴をもう一度よく見る。これらを履いた人にはそれぞれの人生があったが、その歩みはこの場所で全て断ち切られたのだ。『**犠牲者の数は？**』英米の調査では600万人を超える。北海道の人口約550万人と比べたい。

　『**ヒトラーはユダヤ人や反対者を迫害してどんな世界をつくろうとしたか**』（相談➡発表）「自分中心の世界」「ドイツが支配する世界」『**ヒトラーの率いるナチス党の目標を調べよう**』（Ⓒを斉読）

　ドイツ以外に住むドイツ人も統合し、得た植民地にドイツ人を移住させて大ドイツ国をつくることが目標であった。第二次大戦での侵略はその第一歩である。団結のためには敵をつくることが必要。それがドイツ人から差別的にみられていたユダヤ人でありヒトラーに反対する者であった。

3　反ファシズムと米英ソの連携 ── 独ソ戦を知ろう

　アメリカは、当初この戦争に参加しないが無関心ではなかった。『**①ソ連・②ドイツ・③イギリスのうち、アメリカはどの国を支援するか**』（予想➡教科書で検証）ルーズベルト大統領は1941年にイギリスの首相と会談して大西洋憲章を発表。反ファシズムを共通点にして、③などの連合国はもちろん社会主義を唱える①も支援することとした。ここから英米ソの連携がつくられていく。

　『では、ドイツ軍を最初に打ち破ったのはどの国か』ソ連である。最初は不意を突かれてモスクワ近くまで攻めこまれたソ連は、じっと耐えて冬を待ち反撃に転じた。死者はソ連側が民間人をふくめて２千万～３千万人、ドイツ側は６百万～１千万人と言われ、人類史上最大の犠牲者を出す戦争となった。両国の戦いは独ソ戦とよばれる。Ⓓを黙読させて線を引かせ、心に残る点を発表させたい。

　一方、ドイツに占領された国々では市民を中心にレジスタンスなどとよばれる抵抗運動が起き、ドイツ軍はここでも損害を受けた。日本はこうしたドイツとどんな関係をつくっていくのだろうか。

Ⓐ

Ⓑ

Ⓓ

独ソ戦に参加したソ連軍女性兵士などの思い出（要約）

①街から医薬品を運ぶ役。森の中では負傷者が死にそうになっている。赤ん坊はまだ３ヶ月でしたが、血清や包帯をちっちゃな手や足の間に入れてオムツにくるんで運ぶ。赤ん坊が熱を出して泣くように、塩をすりつける。全身真っ赤にして必死に泣き叫んでいる。ドイツ軍の検問所に近づいて「チフスなんです、旦那様！」と叫ぶ。さっさと行けとばかりに追い払われて森に戻ると私が泣きました。赤ん坊がかわいそうでした。それから１日２日するとまた行くんです。〈マリヤ〉

②（ドイツ軍に囲まれた都市レニングラード）住んでいる人たちは飢えのあまり歩きながら死んでいく。子どもたちは閉じ込められた街で何を食べたか。皮のベルトとか新しい靴を煮出したスープ、街の中では猫も犬も食いつくした。野ネズミや家ネズミも食用に捕まえてた。そのうち子どもたちは来なくなった。きっと死んでしまったんでしょう。〈オリガ〉

③春でヴォルガ川の氷が溶けて流れ出した。何を見たと思う？氷が流れてきて、そこに２、３人のドイツ兵と一人のロシア兵がつかみ合ったまま凍り付いていた。氷は血に染まって母なる川が赤い色だった。〈ワレンチーナ〉
（アレクシェーヴィチ『戦争は女の顔をしていない』岩波現代文庫）

Ⓒ

ナチス党の目標（綱領の要約）

①大ドイツ国をつくるため全てのドイツ人を統合する。

②ドイツ民族は他の民族と平等である。（ドイツに不利な）ベルサイユ条約は認めない。

③ドイツ民族の食料を得るため、また余分な人口を移住させるため、領土と土地（植民地）を要求する。

④ドイツ人の血を引く者だけがドイツ民族の仲間である。全てのユダヤ人はドイツ民族の仲間とすることはできない。

⑧非ドイツ人の入国や来住を全て禁止する。1914年以後にドイツに来住した非ドイツ人はすぐ国外に出ていくこと。

〈発展学習のために〉　教師の側があれもこれもと資料を与えすぎず、関心をもった事項を生徒がネットや書籍で自主的に調べることを推奨する。アンネの日記・アウシュビッツ・独ソ戦・オードリーヘップバーンとレジスタンスの関係などなど。残虐な写真が出てくる場合は事前に知らせておきたい。

30 アジア太平洋戦争はなぜ？
──日独伊三国軍事同盟と日本の南進──

> 日本が最大の輸入相手国アメリカとの対立を深める一方、三国軍事同盟を結んで南進に至る過程を理解する。なぜマレー半島へ上陸して開戦したかを考え、枢軸国側の最大勢力範囲を知る。

1 日独伊三国軍事同盟と日本の南進 ── アメリカはどう対応するか

『日中戦争開始から２年目。日本の輸入相手国を見て気づくことは？』（Ⓐを配布）「アメリカが最大」「満州国が２番目」「中国からも輸入」アメリカからの輸入はずば抜けている。武器製造に必要な屑鉄・飛行機や軍艦を動かす石油も多くはアメリカ頼り。それらの物資・資源なしに戦争はできない。

だが、日本の中国侵略を批判する米英はミャンマーやフランス領インドシナ（仏印・現在のベトナム）・香港を通して国民政府に多くの物資を支援していた。

『日本はどこの国と関係を深めればよいか』「資源や物資を頼っているアメリカ」「植民地の満州国」「第二次大戦を始めたドイツ」「国土の広い中国」（和平）相互に質問や疑問を出させたい。続いて『実際には各国とどう関わるか』と投げかける。次の①～③を調べさせて答えを合わせたい。

①日本が軍事同盟を結んだ国・②日本が中立条約を結んだ国・③日本が侵攻した外国の植民地。（①ドイツとイタリア＝日独伊三国軍事同盟　②ソ連　③北部仏印➡南部仏印）

日本は北ではソ連との関係を安定させ、連合国と戦うドイツと軍事同盟を結び英米に対抗した。また、国民政府への補給路を断ち東南アジアに勢力を伸ばすため英米の植民地に近い仏印に南進。アメリカは対抗して石油など全軍事物資の日本輸出を禁止した。日本は２年で戦争不可能となるだろう。

百万の兵で４年戦っても中国に勝てない中でさらに米英と戦うか。中国から兵を引き平和的に貿易を行うか。生徒の考えを聞いてからⒷを読ませ、教科書の日米生産力対比グラフなどを参照させたい。

2 日本軍はなぜ最初にマレー半島へ？ ── 必ず勝てるとは言えない戦争

『1941（昭和16）年12月８日、アジア太平洋戦争は日本軍がどこを攻撃して始まったか』（教室前面に世界大地図を展張）ハワイに付箋を貼る者が多い。だが、海軍機のハワイ真珠湾空襲は８日の午前３時19分。陸軍のマレー半島コタバルへの上陸は同２時15分で、それより１時間以上早かった。

『米英と戦うのになぜその領土を攻めないの？』日本には大軍で遠い米英を攻める力はない。本国より軍備の薄いマレー半島・フィリピン・オランダ領インドネシア（蘭印）を占領して石油などの資源を獲得する。それを日本に運んで戦争を続け、勝っているうちに有利にアメリカと講和しようとしたのである。ハワイの米艦隊を攻撃したのは東南アジア侵攻作戦を邪魔されないためでもあった。

独伊もアメリカに宣戦布告したので、アジア太平洋戦争は第二次世界大戦の一部ともなった。

3 枢軸国はどこまで勢力を広げたか ── 連合国も本格的な反攻へ

続いてⒸを配布して分かることを問う。「日本とドイツの占領地がつながっていない」「どちらも国は小さいけど広い地域を占領した」「ソ連や中国は広くて占領しきれない」『石油などの資源は東南アジアから無事日本に運んで来られるか』「無理」「途中で攻撃される」無事に到着しなければ生産量が減り、アメリカとの戦力差がさらに広がる。燃料不足で軍艦飛行機も動けなくなるだろう。

『日本は占領地域を守り切れるか』「無理」42年９月ごろには、優秀な装備の米軍が本格的に反攻を始めた。島々に点在する日本軍は、その攻勢を打ち破って勝利できるのだろうか。

Ⓐ

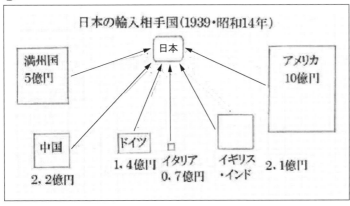

日本の輸入相手国（1939・昭和14年）

満州国
5億円

日本

アメリカ
10億円

中国
2.2億円

ドイツ
1.4億円

イタリア
0.7億円

イギリス
・インド
2.1億円

〈参考〉日本の輸出相手国・地域
（1939年）

1位	関東州	7.6億円
2位	アメリカ	6.4億円
3位	満州国	5.4億円
4位	中国	4.6億円
5位	イギリス・インド	3.4億円

※アメリカへの輸出の約70%は
生糸。関東州・中国へは機械類
をはじめ製品の輸出が多かった。

（矢野恒太他編『昭和18年版・日本国勢図会』国勢社）

Ⓑ

開戦に向けての軍人たちの考えは？（要約）

「ぜひ私にやれと言われれば1年や1年半は存分に暴れてごらんにいれます。しかしその先の事は全く保証出来ません」（連合艦隊司令長官・山本五十六）

「盲腸の子どもがあったとします。手術しても70%見込みがなくとも、30%助かる見込みがある場合もあります。親としては断固として手術するほかありません」（海軍・永野修身軍令部総長）

「絶対に勝つとは申し上げられません。しかし勝てる見込みのあることだけは申し上げられます。必ず勝つとは申し上げられません…日本は半年や1年平和を得ても続いて国難が来てはいけないのであります。」（陸軍・杉山元参謀総長）

Ⓒ 枢軸国側の最大勢力範囲と日本軍の戦場 ── 分かることや問題点は？

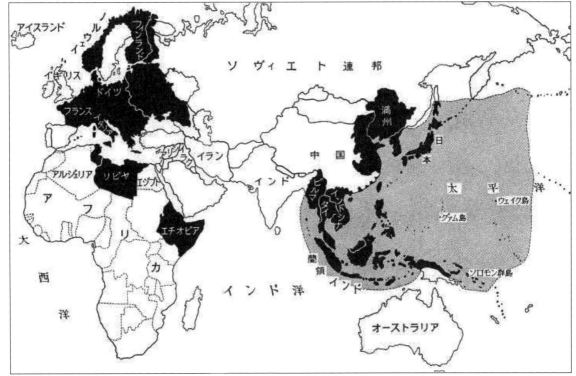

（チャールズ・ビーアド他『新版アメリカ合衆国史』岩波書店）

31 欲しがりません 勝つまでは
──「共栄圏」の実態と戦時生活──

1枚のチラシを資料と対比して「大東亜共栄圏」の実態をつかみ、日本の植民地の状況も知る。
戦時生活の状況を資料から読み取ってその苦しさの背景を考え、主な戦中用語を理解する。

1 「大東亜共栄圏」の実態は？ ── 日本と一体化された占領地域

『日本軍がインド向けに撒いたチラシだ。何が描いてあるか』（Ⓐを投影）アジアを背に5人の男が
座り、植民地を支配していた英人を追放して乾杯している。右から中国・日本・インド・マレー・インド
ネシア。「アジア人のアジアから英米の鬼畜の席をけおとすのだ」と書いてある。『どう思う？』「賛成」

『こうして東～東南アジアにつくるブロックを漢字6文字で言うと？』「大東亜共栄圏」この戦争の目的
はその建設にあるとして、日本政府は日中戦争からこの対英米戦までを「大東亜戦争」と名づけた。

『チラシにはないアジアの植民地は？』朝鮮や台湾だ。日本の植民地支配は問題とされていない。
『日本が占領した共栄圏地域で日本に関係して行われたことは？』（つぶやきを受けてⒷを提示）日
本とシンガポールでは2時間の時差があるが無視、西暦も禁止、ジャパンとも呼べなくなった。

さらに教科書から、それらの地域で日本がしたことを発表させて補説する。①資源は軍事物資と
して日本に運ぶ。②食料はアジア各地の日本軍に提供。③逆に日本の輸送船は沈められて生活物資が
住民に届かない。④労務者として多くの男が各地に送られる。「共栄圏」とは名ばかりであった。

『朝鮮や台湾では何が行われたか』日本への連行と重労働、徴兵制施行などを教科書で押さえたい。
内務省によれば、日本に強制連行された朝鮮人の数は計72万4787人に達した。

2 国内の生活の実態は？ ── ほしがらなくても苦しい理由

では、国内での生活はどうなるか。ここで地方都市の隣組用回覧通知Ⓒを読ませ今との違いを発表
させる。「自由に買えない」「量が少ない」「人数をごまかせない」この町では以後年内に豆腐の配給
はない。続いてⒹをかんたんに紹介。衣服はおろか継ぎ当て用の端布さえ十分配給されず、町長がおし
めカバーを配給するほど切羽詰まっていることが分かる。もはや生活は崩壊寸前である。

さらに"戦時中「虫」クイズ"を3つ板書し、捕まえる虫には○・捕まえてはだめな虫には✕に挙
手させる。①トンボ・②イナゴ・③夜光虫（ウミホタル）…正解は①は✕・②③は○である。

害虫を食べるトンボをとると米の生産に響くので捕獲禁止。守らない子は非国民と言われる。イナ
ゴは食用。炒って食べるのが普通だが、青いまま汁に入れて出され鳥肌をたてた女学生もいる。夜光
虫がふくむ輝き成分は、蛍光塗料の代わりに夜間作戦用の時計や飛行計器の文字盤に使われた。

『国内の生活はなぜここまで苦しくなったか』（相談→発表）意見を補説しながら次の4点を押さ
えたい。①男子不足による農工業生産の低下・②物資は国民より軍隊へ優先配分・③輸送船沈没によ
る輸入の減少・④空襲などによる都市や工場の破壊。「ほしがりません…」の標語がむなしい。

3 まだまだこんなことが ── さらに家庭学習につなげよう

こうして戦時生活への認識を深めたところでⒺを配布して作業学習に移る。答えを合わせながら既
習知識を出させて補説を加え、基本的な戦中用語を理解させる。これらの知識は時代をさらに調べる
際に大いに役立つであろう。（①くうしゅう・②ぼうくうごう・③しょういだん・④勤労動員・⑤学
徒動員・⑥学童疎開・⑦手作りの・⑧溶かして・⑨日本軍・⑩高空を・⑪スカート・⑫空襲の）

Ⓐ

（平和博物館をつくる会編『紙の戦争 伝単』エミール社）

Ⓑ

占領され「大東亜共栄圏」となった地域では？

①日本時間を採用…植民地である朝鮮半島や台湾、さらに満州から、中国各地の占領地、香港、そして東南アジアの各占領地に至るまで、日本軍の支配下にある地域の人々は、いっせいに同じ時刻で行動する。

②インドネシアなどでは、皇紀、つまり神武天皇が即位したとされる年を元年として計算した年を年号として使うことを義務づけた。

③日本のことを「ダイ・ニッポン」と呼ばせた。

④日本の国旗「日の丸」と国歌「君が代」の使用を義務付け…東京の皇居に向かって深く礼をすることも行われた。

⑤共通言語は日本語…ジャワの場合、コクミン・ガッコウ１年生で週に３時間、４年以上は６時間。中学以上ではさらに増えた。

（倉沢愛子『「大東亜」戦争って知っていますか』講談社現代新書 要約）

Ⓒ

|回覧| 豆腐の配給について

豆腐は製造の関係で全町いっせいには配給できません。町内別に順番に配給します。今月中に各家庭はすべて購入できる予定です。

購入券は業者より配布しますから、隣組長さんは購入券に家族の人数を記入して各家庭に至急配布して下さい。

配給量　三人までの家　一丁
　　　　四人以上の家　二丁

昭和十九年五月十七日
伊東町役場（静岡県）

Ⓓ

補修用布とおしめカバー配給

（湯川一丁目）町内会長殿

あなたの町内に左のように購入券を送付しますので配給をお願いします。

一　補修用布購入券　二十二枚
一　おしめカバー　五枚

◎注意　おしめカバーは生後一年未満で真に必要な者に配給すること。購入者は必ず妊産婦手帳を持参してください。

昭和十九年十月　伊東町長

Ⓔ

戦時中の生活は？

◆漢字に読みがなをつけよう

①空襲（　　　　　　）

②防空壕（　　　　　　）

③焼夷弾（　　　　　　）

◆４文字熟語を記入しよう

④兵士になった労働者に代わり中学生や女学生も工場などで働く。（　　　　　　）

⑤医・理工系以外の大学生は徴兵の延期が取り消され、軍人として戦地へ行く。
（　　　　　　）

⑥都市部の小学生（低学年以外の希望者）は敵の爆撃を避けて地方へ行く。
（　　　　　　）

◆関係ある語句を線でつなごう

⑦竹槍訓練・　　　・スカートより動きやすい服装

⑧金属回収・　　　・日本軍部隊の全滅の言いかえ

⑨玉砕　　・　　　・手作りの武器で戦う練習

⑩Ｂ－２９・　　　・空襲の際に火の粉などを防ぐ

⑪もんぺ　・　　　・溶かして武器などをつくる

⑫防空頭巾・　　　・高空を飛ぶ米軍の大型爆撃機

32 戦場になった沖縄と本土
──枢軸国の敗北とポツダム宣言──

無差別爆撃により東京になぜ大被害が生じたかを知る。沖縄での地上戦で住民がどんな犠牲を払ったかを考え、ポツダム宣言発表と受諾の間に何が起きて戦争終結に至ったかをふりかえる。

1 まちは戦場となった ── 都市無差別爆撃の恐怖と東京大空襲

黙ってⒶを投影。モップだ。大掃除などと反応する。『では、なぜ夜に大勢で集まるか』見ると看板に「防衛」と書かれ消防ポンプもある。この棒は火たたきとよび、爆撃で生じた火災を消すために使う。他にはバケツリレーなども。政府は住民が消火しないで逃げることを禁じていた。

『役に立つのかな』つぶやきを受けてⒷを読ませ、1945（昭和20）年3月10日の東京大空襲の惨状をつかませる。焼夷弾は1つの親爆弾が空中で38の子爆弾をばら撒く。その1つ1つにゼリー状のガソリンが詰めてある。屋根を破って室内で発火すると木の家はたちまち燃え上がった。

消火する人、足弱の幼児や老人は次々焼死する。翌朝までの数時間で死者は約10万人。家を失った人は約100万人。戦場でもあり得ない数だ。教科書などの地図で各地の空襲被害地も確認させたい。

2 住民を犠牲に地上戦を展開 ── いつポツダム宣言を受け入れるか

それから16日後、3月26日から約3か月にわたり沖縄戦が行われた。空襲とは何が違うか。教科書の関連部分に線を引き、既習知識も加えて発表させる。教師は次のように補説したい。
①県民の生活地がそのまま日米地上戦の舞台となり、児童生徒も戦争に参加。
②時には日本軍も住民を殺傷し、集団自決の強要もあった。
③県民の死者は12万人以上で県人口の20％強。（兵士等の死者約10万人より多い）

『14歳未満の戦没者は何人？』太田昌秀によれば11483人にのぼる。（壕からの追い出しや日本兵による射殺・食料や弾薬運搬また伝令や陣地構築中の戦死など）空襲死とはまた違う、生活地が戦場となったことの悲惨さを確認したい。

『沖縄の日本軍の組織的抵抗は6月23日に終わる。約1か月後の7月26日に米英中が日本に示した文書を何というか』「ポツダム宣言だ」教科書にあるので内容を読ませる。日本の占領と民主化・領土の限定・戦争犯罪人の処罰等が要求されたことを確認する。『ここで政府はどうするか』「もうダメだから受け入れる」「まだ戦う」…政府は宣言を無視して戦争を続行した。

『では、この宣言をいつ受け入れたか』 昭和天皇は8月15日にその受け入れをラジオで表明した。

3 原爆の惨禍とソ連の参戦 ── 第二次世界大戦・アジア太平洋戦争の終わり

『受け入れるまでの19日間に何が起きるか』 「原爆を落とす」『原爆は何が残酷なの？』Ⓒにふれさせ、発言を生かして被害の無差別性（老若男女）・多面性（「ピカッ」という熱線・「ドーン」という爆風・火災など）・持続性（放射線障害・被爆2世など）を押さえたい。『そうした1945年の戦争の流れをふりかえろう』（教科書を参照してⒹに記入）答えを合わせ、思ったことを発表させる。（①東京・②ドイツ・③沖縄・④ポツダム・⑤広島・⑥ソ連・⑦長崎・⑧ポツダム・⑨太平洋・第二次）

『日本の死者数は？』約310万人とも言う。『アジアでの死者は？』2千万人以上とされる。安倍晋三首相（当時）は「アジア諸国の人々に多大の損害と苦痛を与え、深い反省と追悼の意を表する」と述べた。（2007年）最後に漱石の「滅びるね」との言葉を想起させ、今どう思うかと投げかけたい。

Ⓐ

（『１億人の昭和史』４　毎日新聞社）

Ⓑ

東京大空襲 ── 焼夷弾の雨と炎の中を

　焼夷弾は、落ちてくるーと叫んだ男ののど首に、火をふいてつきささった…手も首もむしりとられ、ぼろくずのようになった人々。その中で、ふしぎにも助かった４、５歳の女の子が、身体中にかえり血をあびて、棒立ちになっている…地面につきささって発火する焼夷弾の横をすりぬけ、道ばたにたおれている死体をまたいで、私たちは、ただやみくもに走った。

　投下された爆弾は100キロ級６発、油脂焼夷弾は45キロ級8545発、同2.8キロ級18万305発、エレクトロン焼夷弾1.7キロ級740発、中心地では１平方メートルあたり、少なくとも３発。

（『東京大空襲』早乙女勝元　岩波新書）

※一夜の死者10万人は日露戦争の全戦死者８万８千人を越える。

Ⓒ

原爆の惨禍を川柳で

逃げまどう両手に焼けた皮膚が垂れ

人を焼くにおいの中で寝る闇夜（森脇幽香里）

黒焦げの母の下なる死児無傷（青木微酔）

校庭へ死体丸太のように積み

はいて出た白靴で知る子の死体（藤川幻詩）

進化とは地球を灰にすることか（石原青龍刀）

（田辺聖子『道頓堀の雨に別れて以来なり』中央公論社より）

〈参考〉第二次世界大戦の死亡者数は？

※統計年度・混乱などで未確定部分が多い。

①中国　　　　1321万人以上
②朝鮮　　　　20万人（少なめに見て）
③ベトナム　餓死200万人（44～45年）
④インドネシア　200万人（大変不正確）
⑤フィリピン　110万人以上
⑥シンガポール　市民８万人以上
⑦日本　　　　300万人以上
（本多公栄『ぼくらの太平洋戦争』鳩の森書房）
⑧ソ連　　　　2000万人
⑨ドイツ　　　700万人
⑩イギリス　　37万人
（『最新歴史資料集』明治図書）

Ⓓ

〈　〉に下の語句を入れ1945年の年表をつくろう

①３月10日　〈　　　　　　　〉大空襲

②５月７日　〈　　　　　　　〉（国名）が連合国に降伏（ヒトラーは４月30日に自殺）

③６月23日　〈　　　　　　　〉県での日本軍の組織的戦闘が終わる。

④７月26日　米英中が〈　　　　　　〉宣言を発表して日本の無条件降伏を求める。

⑤８月６日　〈　　　　　　　〉へ原爆投下
（死者14万人以上）

⑥８月８日　連合国側の取り決めにしたがって
〈　　　　　　　〉軍が満州国・南樺太・千島列島に侵攻して占領を始める。

⑦８月９日　〈　　　　　　　〉へ原爆投下
（死者7.5万人以上）

⑧８月15日　〈　　　　　　〉

天皇が④宣言の受け入れを国民にラジオ放送

⑨これによりアジア〈　　　　　〉戦争と
〈　　　　　　　〉大戦が終わることとなる。

> 長崎・東京・広島・沖縄・ポツダム・第二次・ドイツ・太平洋・ソ連・昭和

＊ 地域に探る戦争
──教室から離陸してグループ調査／発展学習──

ヒトだけでなくモノにも着目　地域の戦争調査は２年生終了後の春休みに課題として行ってはどうか。全員の参画が難しい場合は自由課題に変え、実行者は評価に加点したい。それをみなで学びあえば一人の成果が共有されていく。

　問題は戦争の体験者が少なくなってきたことである。ヒトからの取材に加えて文献や戦争遺跡の調査、遺物や記録の整理なども行ってまとめに生かしたい。

　① 文献調査に発展　芽衣子さん・知子さんは昭和８年の母校・網代小の平面図を筆写した。だが、それだけでは不十分と考え④のように戦前と戦後の教科書の違いを視覚化した。

　また、戦後の卒業生から学校で１円貯金を始めたことを聞き、それが１円玉募金として今も続くことを明らかにした。

　② 行動履歴を地図化　匡くんは、親や祖父に聞いて明治以来５人の男が家から戦争に参加したことを知った。

　日清戦争に参加した政次郎さんは腹部を撃たれたが、重ねて身につけていたお守り札５枚のうち４枚を射抜いたところで弾丸が止まって命拾いしたという。

　アジア太平洋戦争に21歳で参加した勇さんは行動履歴が残っていたので、匡くんはそれを⑧のように地図化する。本人の話は聞けなくとも、これにより勇は紙一重の差でガタルカナル戦を免れ命拾いしたことが分かった。

　匡くんは、戦争で数々の危機を先祖が乗り越えたおかげで今ここにいるのであった。

　③ 遺族宅からモノを発見　亜樹さん・かおりさんのペアは戦争体験者が身近にいない。そこで、地域の戦没者リストをもとにその全戸訪問を行うこととした。尋ねた家は30軒。協力してくれた家はそのうち10軒である。

　彼女たちは話を聞くと同時にモノを見せていただき、それを借りたり撮影したりする。東京からの疎開児の絵（ⓒ）・従軍記章・戦死公報・戦没兵士の「英霊記念録」・軍用シャベル、ついには遺髪までを地域の人は貸し出してくれた。

　その直後に亡くなった方もいる。「みんな、若い人が尋ねて来るのを待っていたのよ」と当時の教頭は語った。

　地域の人間魚雷回天の壕・防空壕を調べる生徒もいた。ヒトからモノへ対象が変わっても調査活動をつなげたい。

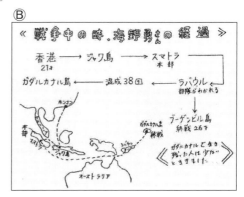

「ぼくら網代の戦争博士」

網代中三年生がまとめる 古老ら訪ね "取材"

戦争を知らない現代っ子たちが「ぼくら網代の戦争博士」（B4判、三十九㌻、五十部印刷）と題した冊子をまとめた。地域の中から戦争を探っていこうと、熱海市立網代中学校の三年生が、春休みを利用して、地域の古老らに聞き取り調査をするなどして取り組んだ。初めて明らかにされた事実も断片的ではあるが収録されるなど、注目される内容に仕上がった。

二十八人の生徒が個人やグループをつくって調べた。近代の歴史を学ぶなかで、教科書では学ぶない、実際のありさまを自分たちの手でさらに深く調べよう、と取り組んだ。

「戦争と網代」「故祖父」の戦争」「海野家の戦争」「のらくろを読んで」「戦中・戦後の歌と遊び」「防空ごうについて」「初島事件」「戦争中の食べ物」など十八項目についてまとめた。

空襲の様子を古老に取材し、「小学校の裏の防空ごうに逃げ込んだ。ずきんをかぶっていた。ある生徒は「戦争中のこと激しく恐ろしかった」「いつも空襲を受けるか分からず、毎日、神経をぴりぴりさせていた」とある生徒は「戦争中のことを覚えている人が少なくなっていることは大変なこと。戦争を見てきた生き証人がいるうちに、戦争の残酷さや悲劇のヒーロー、ヒロインになってしまった人たちのことを記録に残しておくことが大事だと思う」と記している。

またある古老は漁船で戦場（中国）に行かされた〈軍人ではなく軍属として〉――などの事実も記されている。それぞれには戦争を知る。

戦争を知らない中学生たちが地域の古老らに聞き取り調査をするなどしてまとめた「ぼくら網代の戦争博士」

担任の加藤好一教諭（四四）は「こんな小さな町、網代にもたくさんの『戦争』が埋もれていることを子供たちに、自分の足で調べ、知ってもらうことが重要。子供たちの希望があれば、これを契機に後輩にも引き継ぎ、小さな町の忘れてはならない歴史の資料としてさらに深く調べたい」と話している。

※生徒の活動は地域紙にも報道されて反響をよんだ。

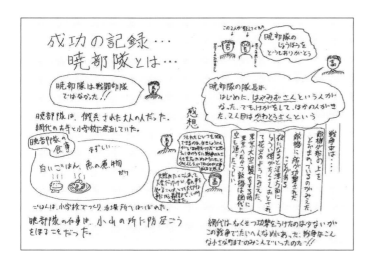

Ⓓ 調査活動　みごとに成功!!

◆戦争調査は過去の継承

今回の社会科調べは、けっこう"よい情報"があったので書くことが楽しかった。でも、はじめはすぐ調べられると思っていたことも、手がかりがなくてとても大変だと思い始めた。

けれども、自分たちが大変なのはどうにでもなるけど、戦争中に起こったことを覚えている人が少なくなっているのはもっと大変だと思う。

生き証人がいるうちに、戦争の残酷さや悲劇のヒーロー、ヒロインになってしまった人たちのことを聞いて記録に残しておくのが大切だ。（哲海）

＊ お寺に探る戦争
──戦没者墓碑をどう調べるか／発展学習──

1 大情況は「全数調査」で

　戦没者の墓石を全て調べ、階級・戦没年月日・死因・場所を下の表に記入させる。それを地図に落とすと、「地域の兵士の戦争」が生徒自身の手で明らかになる。これは作業を通して「戦争」をマクロ的にとらえさせる方法である。伊東南中の３年生有志は休日も使って学区の13の寺院を分担して調査する。その墓石は計156に及んだ。（指導宮村和秀）

　満州事変から敗戦までに最も多くの人が死亡した地域は中国で、全戦没者の３分の１・53人に達した。これで生徒のアジア太平洋戦争への見方が変わる。２番目はフィリピンの24人・３番目は海上の19人。年齢別では20代が78人、30代以上は27人であった。〈次ページⒶⒷを参照〉

　「伊東だけでこんなに死んだ人がいるから、日本ではもっといると思います。このことを分かってほしくて調べました」（明子）

　「雨の日に、傘をさしながらメモするのが意外なほど大変でした。まとめてみると若い人も多く亡くなっていて、戦争の悲惨さがよく分かりました」（恵子）

番号	氏名	戒名	階級	没年	戦死地	備考
1	室伏幸平	天聖院誉興居士	陸軍兵	23	北中国	若いな。
2	岩本正作	天通院紀忠正権居士	陸軍少尉	29	東南アジア	右胸かんゐう死
3	高杉茂夫		陸軍兵飼長	2		
4	南金太郎	忠良院金芳義道居士	陸軍歩兵上等兵			
5	二見隆平		陸軍工兵曹長	3		
6	沖谷真平	忠良院金芳表夕向居士	渭忠院天長某	2	アレキカンダ・へんでた丸せんひょう死	
7	二見金平	金鴻院義山勇道居士	陸軍歩兵伍長	2		

備考　気づくこと
・北島ルソン島・ガナ州サンタマリアで戦死　出征まて裁判所判事でて奉職
・ まんしの僵屍　といでも実兵ペか ばたにい とちい 死んだ
・ すぐ上陸　みな凡をれてせい二にね戦学。

2 個人の墓碑は拓本で調査

　では、戦死者一人一人にはどんな人生があったのか。多くの墓石には墓碑銘が刻まれ、非業の死により断ち切られた青年の一生を後世に伝えている。それを丹念に読み解く中で、生徒は戦争の理不尽さを実感する。「全数調査」の数字はその切実性の上にとらえさせたい。

　だが、そうは言っても80年も前の碑文には難字・難語句も多い。限られた時間内に正確に写し取ることは困難だ。そこで拓本を活用したい。これならば誤字もなくすばやく正確に写し取れる（62、63ページ参照）。教えれば生徒はたちまち習熟して右のような作品を完成させる。

　解読は教室でゆっくり行いたい。原寸大の拓本は、ずらりと並べれば圧倒的な迫力で見る者に迫る。「拓本から読み取る泉地区の戦死者」を調べた健君と英明君は、自然教室で出かけた箱根では地域のお寺を訪ねて在留ドイツ軍人の墓碑を拓本に取り、彼らと日本との関係を考察した。

　戦没者墓碑の調査はこうして地域を越えて広がり、近現代史探究の有力な武器となる。

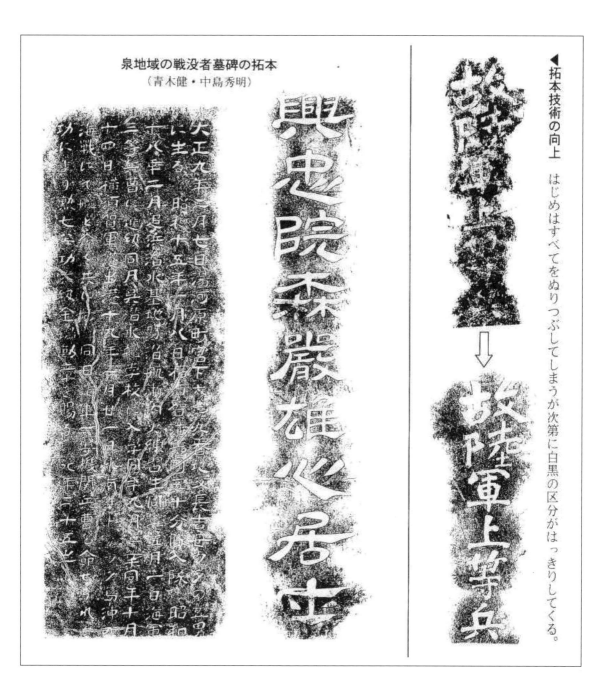

泉地域の戦没者墓碑の拓本
（青木健・中島秀明）

◀拓本技術の向上　はじめはすべてをぬりつぶしてしまうが次第に白黒の区分がはっきりしてくる。

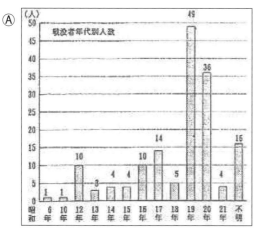

(A) 戦没者年代別人数

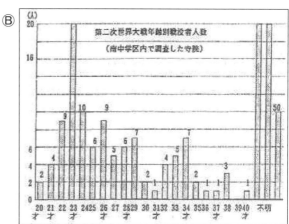

(B) 第二次世界大戦年齢別戦没者人数
（南中学区内で調査した寺院）

＊ 遠足から考える時代の変化
──沿革誌をどう教材化するか／発展学習──

1　戦争の時代に遠足は？ ── 多賀国民学校・教師たちの選択

　『1942（昭和17）年はアジア太平洋戦争2年目の年だ。多賀国民学校では春の遠足をやるかやらないか』「やる」「やらない」前年の開戦から4か月後の4月に実施。1・2年は少し離れた臼月（うすづき）公園へ、3・4年は下多賀峠へ、5・6年は隣接の宇佐美村まで足を延ばして亀石峠へ登った。

　『43年は？』「やった」正解である。『戦争4年目の44年は？』「やった…と思う」これも正解。『では、東京大空襲があった45年は？』 ああだこうだと考えさせてからⒶを提示。遠足は5月に実施していたことが分かった。

　『気づくことは？』「2日に分けて遠足に行く」「空襲が心配なんだ」『なぜ1・2・3年ではなく1・3・5年で行くの？』 いざという時は高学年が低学年をフォローするためだ。そうした体制をつくって遠足を実施したところに、困難の中でも教育を守ろうとする教師たちの固い決意がうかがえる。

　多賀地区の海軍基地への初空襲は遠足から3ヶ月ほど後の7月30日。海軍兵一人が機銃掃射で戦死していた。

Ⓐ
二.〇五五
二.〇五四 空襲警報を危惧し 本年は二日に分け 行ふ 本日欄数学年
一、九五五 春季遠足
一、八四三 音季遠足挙行

（『多賀小学校沿革誌』より）

2　遠足のスタイルはどう変化？ ── 24年前の大正時代と比べよう

　『それより25年ほど前の大正時代の遠足、全校で宇佐美峠に行って何をしたと思う？』「お弁当を食べた」『いちばん大事だね。その他には？』 しばらくたってⒷを配布。みんなでにぎやかに宝探しをやったことが分かった。

　『大正時代の子ども文化を教科書などでふりかえろう』童話や童謡、児童雑誌『赤い鳥』、あるいはグリコやキャラメルなどが想起されるであろう。

　『では、1941年になると？』「遠足ではなく強歩」「行軍だから軍隊と同じ」「距離が半端じゃない」『この年には小学校にどんな変化があったか』 教科書を読み直す。小学校は国民学校となり、軍国主義教育が進められたとある。多賀校での行軍もそうした教育の一環であった。

　『この年の12月には？』米英などと戦争を始めた。その後、先述のように45年の春の遠足は空襲を警戒しながら、二つに分けて何とか実施したのであった。

　『戦争が終わって2か月後、秋の遠足は行ったか』 10月15日にきちんと実施されて下多賀峠などへ行き、絶えることなく今日につながっていく。

Ⓑ 大正時代・日中戦争時代の遠足は？

⑦《一九一七（大正六）年》全校児童が宇佐美峠まで行き、みんなで宝探しを行う。

①《一九四一（昭和一六）年》遠足に代えて強歩行軍を行う。
1・2年生　網代観音まで　約7km
3・4年生　宇佐美トンネル　約13km
5・6年生　伊東町・西校　約19km

3　学校沿革誌は教材の宝庫 ── 遠足の変化を通して何が分かるか

　『多賀小の遠足を比べて分かることは？』（ノートに書いて発表）生徒は出身校の遠足が時代の動きに応じて激しく変化したことを知り、さまざまな思いを持つであろう。学校沿革誌から遠足の事項をぬき出すことで、私たちは地域に根差した授業を例えばこのように実践できる。

7

日本国の誕生と21世紀の課題

漫画から歴史を
考える

ちびまる子ちゃんから
昭和50年前後の時代を中心としたマンガ
清水市を舞台としている。本人桜桃子は40年代
の生まれ。自分の子供のころを再び思い出し
書いたマンガである。

1973　石油危機で物価高騰
1974　国際収支悪化
　　　1975　日本経済、戦後初のマイナス成長
　　　1976　ロッキード疑獄事件で田中前首相逮捕
　　　1977　領海12海里、漁業水域200海里設定
　　　1978　日中平和友好条約調印

ピンクレディーが
出てきて、昭和50年
ぐらいになるとカラ
ーテレビも見たり、
いろいろできるよう
になったんだなあと
思いました。
　オイルショックの
ことが描かれていま
す。学校の賞状を18
枚減らすだけのこと
だけど、その18枚の
紙がよっぽど高かっ
たんだなあと感じま
した。（恵）

『サザエさん』『ちびまる子ちゃん』などを読み、時代を比べて変化をとらえてみよう。

33 焼け跡の中から
──連合軍による占領と戦後の社会──

> 敗戦後の生活や社会の状況をイラストから読み取り、連合国軍に占領された日本の情況を知る。
> ポツダム宣言に基づきGHQが何を行うかを考え、戦後の領土の変化を作業を通してつかむ。

1 生活苦と孤児と平和 ── 戦後の社会をイメージしよう

　Ⓐを提示。『子どもを探そう。分かることは？』「貧しそう」「腹ペコ」「食べ物を買えない」『なぜ？』戦災などで親を失った浮浪児であろう。アニメ『蛍の墓』が想起される。『歩く人から気づくことは？』「疲れている」「大荷物」配給品だけでは栄養失調となって生きられず、衣料品などをもって農村部へ行き食料に代えて持ち帰る。これを買い出しと言う。警官に見つかると没収された。

　『他にどんな人がいるか』「何か食べている人」配給品以外も売る闇市が各地にでき、人々はそこに殺到して飢えを満たした。「金庫に住んでいる」戦災などで276万戸の家がなくなる。引揚者の分を加えると住宅不足は420万戸に達した（『日本民衆の歴史』第10巻 三省堂）。「ＭＰとは？」米軍の警察兵（ミリタリーポリス）である。彼らも人々を取り締まった。

　『教科書などから人々の生活が分かる写真を探そう』買い出し列車・引揚者・食糧メーデーなどの様子が分かる。『リンゴの歌』など当時の流行歌も紹介して戦後社会の混乱と活力をイメージさせたい。

2 ポツダム宣言をどう実行？ ── 戦後日本での民主化の始まり

　『では、なぜ米兵が日本にいるか』「米軍に占領された」正しくはアメリカを中心とする連合国軍がポツダム宣言実行のために日本を占領した。『連合国軍総司令部を略して言うと？』「ＧＨＱ」『ＧＨＱの最高司令官の名と国は？』「マッカーサー・アメリカ」日本政府はその下で活動した。

　『ＧＨＱはポツダム宣言に基づき何を行うか』（予想➡Ⓑを配布➡記入・教科書参照可）男女普通選挙・労働組合結成など今では当然の権利もここから始まった。（①陸・海 ②極東軍事・追放。裁判─軍人６名民間人１名に死刑判決。45年６月のアメリカ世論調査では、昭和天皇を戦争犯罪人として処罰・追放・死刑などにすべきとの声が計77％に達したが、それによる治安悪化を防ぐため裁判にはかけないことが米国政府の方針となった。 ③20・選挙・治安維持・労働組合・労働基準 ④任意）

3 領土の変化を作業と視覚で理解 ── 大地図とシートで往還的に学ぶ

　ここで学習方法を一転、Ⓒの①への着色作業をさせる。（相談・教科書参照可）作業を通して資料と生徒の距離が縮まったところで、教室前面にアジア大地図を展張する。全員が集中するであろう。『３分後に②の答えを付せんで地図に貼ってもらう』（間を置く）『一生懸命やっている人は指名しません（たぶん）』

　今度は学習が引き締まる。いつも同じかたちでシートの穴埋めをさせれば、ワンパターンで授業が間延びする。しかし、着色➡大地図への集中➡付せん貼付の予告➡穴埋めという４つの節目を設定すれば学習に起伏が生まれるのであった。（②Ⓐカラフト・Ⓑ朝鮮または韓国・Ⓒ満州・台湾─順不同・Ⓓ千島列島・③南洋諸島・④奄美・沖縄・小笠原、〔ア 信〕とはアメリカが信託統治するとの意味。だが実際は「その提案を国連に行うまで」という口実で米軍が統治・⑤沖縄）

　戦後の日本は、沖縄県の全て・鹿児島県や東京都や北海道の一部（奄美・小笠原・歯舞・色丹）・千島列島を米ソに支配されて出発したことを押さえたい。

Ⓐ

〈参考〉戦後の状況

・戦争孤児12万人強

（浮浪児は3.5〜4万人）
〈昭和23年・厚生省　沖縄以外〉

・海外引揚げ者　約630万人

（旧満州からの民間人は
約100万人）

中国残留孤児は約3千人
〈厚生労働省〉

（金森健生『マンガ戦後史』平凡社）

Ⓑ

GHQはポツダム宣言に基づき何を行うか

①軍隊をなくす —（　　　　）軍や（　　　　）軍の解体

②戦争犯罪人を処罰 —（　　　　　　　　　）裁判・戦争を進めた人は公職から（　　　　）

③民主化 —（　　）歳以上の男女に（　　　　）権・（　　　　　　）法の廃止・政党結成の自由

　　　　（　　　　　　）法 — 組合結成の自由とストライキ権の承認

　　　　（　　　　　　）法 — 働くルールと最低限守らなければいけない労働条件を決める。

④その他には？

（　　　　　　　　　　　　　　　　　　　　　　　　　　　　　　　　　　　）

Ⓒ

社会科教科書の地図
（昭和25年）

①日本の支配から離れた
　地域を赤く塗ろう。

・気づくことは？

新しい国土

面積
369,800平方キロ
旧国土
674,000平方キロ

樺太

千島列島

国後島

歯舞諸島
水晶島

朝鮮

対馬

済州島

八丈島

伊豆七島

奄美諸島
大島

吐噶喇列島

タイワン

沖縄島

［ア　信］

小笠原諸島

父島
母島

硫黄列島

②左の地図を見ながら正しい語句を書き入
　れよう。

Ａ　南〈　　　　　　〉 — ソ連にもどす。

Ｂ　〈　　　　　　　〉 — 南北別々に独立

Ｃ　〈　　　　　　〉 — 中国にもどす

　　〈　　　　　　〉 — 中国にもどす

Ｄ　〈　　　　　　〉 — ソ連が占領

　　（北海道の一部である歯舞諸島・色丹
　　島も占領）

③この地図にはないが、〈　　　　　　〉
　に対する日本の委任統治を廃止。

④米軍が支配した地域とは？

（　　　　　）（　　　　　）（　　　　　）

⑤米軍が県民の土地を取り上げて広大な基
　地を建設したところはどこか。

（　　　　　　）

34 戦争よ さらば
——日本国憲法の公布と諸改革——

国内外の人がどんな日本を望むかを考え、憲法研究会と政府の憲法案を比べて新憲法制定の過程をつかむ。憲法の３つの柱を知り、教育をはじめ各分野でどんな改革が行われたかを理解する。

1　新憲法ができるまで ―― 憲法研究会案・政府案を比べると？

『君たちなら、戦後の日本はどんな国にしたいか』「戦争しない国」「民主主義の国」「豊かな国」**『中国や朝鮮の人なら？』**「侵略しない国」戦争しない点は共通だ。大日本帝国とは別の方向を望む意見が多い。そのためには憲法をどう変えるか。当時の日本でも多様な案が出された。

『戦後、憲法研究会の学者たちがつくった憲法案には憲、政府の案には政と書き入れよう』（Ⓐを配布➡作業）憲か政か。一つ一つ挙手させる。理由があれば発表させたい。研究会案が政府案に比べて民主的であり、天皇に実権がないことが分かってくる。（①憲　②政　③政　④憲　⑤憲　⑥憲　⑦政）

『研究会案と政府案のどちらが先にできたか』（予想➡挙手）研究会案が政府に提出されたのは1945（昭和20）年12月26日、政府案がＧＨＱに提出されたのは46年２月８日。先にできたのは憲法研究会案であった。政府はその内容を知りながら、真逆の案をつくったといえる。

『民主的な憲法案をつくれと命じていたＧＨＱは政府案を見てどう思ったか』「ふざけるな」そこでＧＨＱは研究会案を参考にわずか９日間でポツダム宣言に即した憲法案をつくり、政府にその受け入れを迫った。政府は一部修正のうえ、それを新しい政府案として国会に提出した。**『案は国会で何カ所修正されたか』**86カ所である。戦後選出された議員（沖縄以外）が国会で65回も討議して決定したところにも、天皇が臣民に発布した明治憲法との違いがあった。

2　日本国憲法の特色とは？ ―― ３つの柱を「流れ」としてつかむ

『５月３日は何の日か』「憲法記念日」**『なぜ？』**「憲法ができた日？」**『新憲法の３つの柱は？』**（あやふや）①天皇が国の主権者から象徴へ➡②代わりに誰が国の主権者となるか（国民だ。国民主権）➡③その主権者の権利は尊重される？されない？（される。基本的人権の尊重）➡④こうした柱は日本だけ？欧米も？（欧米も）➡⑤では日本独自の柱は？（戦争放棄＝平和主義）と話を進める。

応答を通して重要語句を順次板書し、Ⓑのシートに記入させていきたい。（①日本・②公布・③施行・④象徴・⑤国民主権・⑥基本的人権の尊重・⑦戦争放棄または平和主義・⑧天皇が臣下に憲法を示す⇔国民みんなで公布を祝い天皇もそこにいる）

3　戦後社会の基礎づくり ―― 教育・農村・経済・家族の制度はどう変わるか

『憲法づくりと共にどんな改革が進むか』―**『今、この教室に戦後新しく始まったものが三つあるよ』**義務制の中学・男女共学・社会科である。**『教育勅語が廃止され、代わりに何がつくられるか』**「教育基本法」Ⓒを読ませ失効した教育勅語との違いを考えさせる。天皇が臣民に示すのではなく、国会で討議され法律として制定された点も違う。教育委員会もつくられ委員は国民から選挙された。

『Ⓓは当時の紙芝居だ。農民の表情は？』「明るい」**『タイトルは？』**「農地改革」**『何を改革したので農民は明るくなったのか』**（予想）出た意見は教科書で検証。掲載のグラフから、地主の土地が安く売られて大多数の農民が自分の農地を持ったことが分かる。だから農民は明るい。続いて財閥解体や新民法の内容を教科書で調べ、結婚は男女の合意だけで可能になったことなどを確認したい。

Ⓐ

憲法研究会の憲法案には憲、政府案には政と書き入れよう。（要約）

①天皇は政治を行わず、政治の最高責任者は内閣とする。（　　）

②天皇は大変尊くて（その地位を）侵害してはいけない。（　　）

③臣民は法律に基づかなければ自由や権利を奪われない。（　　）

④国民は健康で文化的水準の生活を営む権利を有する。（　　）

⑤男女は完全に平等な権利を持つ。（　　）

⑥税金は公平にして消費税を重くし過ぎてはいけない。（　　）

⑦天皇は議会の賛成で戦争を始めたり終了したりできる。（　　）

〈参考〉憲法研究会案の作成者・鈴木安蔵の談話

　自由民権運動の時代に植木枝盛がつくった憲法案や、当時自由党の母体となった人たちが政府の弾圧に負けずにつくった20余りの憲法案を参考にした。もちろん外国の憲法も参照した。（要約）

Ⓑ

大日本帝国憲法から①（　　　　　）国憲法へ

②1946年11月３日 ──（　　　　）

③1947年５月３日 ──（　　　　）

④天皇は国の主権者から国の
　（　　　　）となった。

・新憲法の３原則を⑤⑥⑦に書こう。

⑧教科書で、帝国憲法発布式と日本国
　憲法公布祝賀式の写真を比べよう。

⑤（　　　　）

⑥（　　　　）

⑦（　　　　）

Ⓒ

教育勅語と教育基本法の目標の違いは？（要約）

●臣民は、親孝行して兄弟仲よく夫婦は助けあい、友だちとは信じあい、立派な人間となって、いったん国に危険が迫れば忠義と勇気をもって立ち上がり、天皇のために尽くしなさい。

●教育は、平和的な国や社会をつくる人にふさわしく、個人を大事にして、心も体も健康な国民をつくるために行われる。国民は誰もが能力に応じて教育を受ける権利がある。男女は共学とする。

Ⓓ

〈参考〉文集『あゆみ』にみる２つの詩　（1946年７月25日　伊東町立東国民学校）

◆ 戦（いくさ）が終わって、沖の灯台が再び輝き出した。　戦いの前のように、うつくしい光で。……
　平和が、やってきたのだな。　　　　　　　　　　　　　　　　　　　　　（佐藤弘行・14歳）

◆明るい町の空を飛ぶ、進駐軍の飛行機はすてきだな。ぶるん、ぶるんー　かるい音をたてて
　飛ぶ。夏の空は澄んで、どこまでも明るい。進駐軍の飛行機よ、ぐんと飛べ。ぐんと飛べ。
　　　　　　　　　　　　　　　　　　　　　　　　※進駐軍とは占領軍のこと（佐藤嘉一・13歳）

＊ 山を砕きて
──新制中学校はどうつくられたか／発展学習──

1　新制中学はなぜ山の上？ ── 自校開設の歴史に関心をもとう

　「ここ小嵐の丘の上」（旧小嵐中）「海坂（水平線）遠く眺むれば」（旧網代中）と校歌にもあるように、熱海市の新制中学の多くは山の上にある。私は網代中在籍時に、**『網代小はまちなかにあるのに、網代中学はなぜ山の上にあるか』**と発問してみた。生徒は考えてもみなかったようだ。

　答えを言えば、国民学校の校舎・校地を利用できた小学校とは違い、戦後新しく創る中学校には校舎も土地もなかった（もちろん中学教師もいない）。だが、人家の密集した熱海地域の市街地には新しい学校を建てる余地はない。そこで中学校は山に登ったのであった。

　『では、創立当時の網代中をみよう』（Ⓐを投影）まだグラウンドも狭くその先はすぐに深い谷。生徒たちは現在との違いに驚く。（開校当初の自校の写真は教材として有効）

　『学校の建設費用は誰が出すか』当時の静岡県で六・三制をスタートさせるには、戦災による破損を補修しながら630の小学校を整備し、なおかつ306の新制中学を建設する必要があった（静岡県教委編『静岡県六三制建設史』）。

　そのため網代町についていえば、当時の町民が一戸平均一万円という重い寄付金に耐え、文字通り「山をくだきて谷を埋め」（校歌）る大工事で校地をつくり、学校を建てたのであった。全ては人力作業。低い丘の上に建てられた隣接の多賀中学校と建設費を比べさせたい。（Ⓑを配布）

　1～3期生の人数は多賀中の227名に対して網代中は166名と61名も少ない。しかし、建設費は多賀中の821万円余に対して網代中は1492万円余である。671万円も多い。当時多賀地区は熱海市に属し、隣の網代町は独立した小さな町であった。

2　苦難を乗り越えなぜ中学校を建てたのか ── 記念誌や文集から当時の人々の思いを探る

　『その小さな町が、多賀と一緒に中学をつくる話を断り、なぜ独自の中学を建てたのか』（予想）ここでⒸを配布して読ませ、当時の町民の思いを確認する。その理由は、町を担う人材は自らの町で育てて『町百年の大計』を図り、卒業生たちに『文化国家の建設』の担い手となってもらうためであった。「どんな犠牲を払っても教育第一主義で行く」ということばに強い決意が感じられる。

　その網代中が1950（昭和25）年に文部省から県で5校の優良中学に選ばれた時、町民はどれほど喜んだであろう。この時、山の上の中学校は町民団結のシンボルとなった。（創立時の人々の思いや在校生の回想などは各校の『開校50周年記念誌』や学校文集の「創立〇〇年特集」などに載っている場合が多い。）みなさんの地域の新制中学には、どんな建設のドラマがあったのだろうか。

3　新制中学校ではどんな学びを？ ── 地域に根ざした教育を今につなごう

　こうして建設された網代中学校ではどんな学習が行われたか。最後はⒹを提示して気づくことを発表させる。「生徒が授業している」「みんなが熱心に聞いている」「男子も女子もいる」「洋服がばらばら」漁業の町網代では沿岸漁業の行き詰まりが課題となっていた。そこで、同じ漁村である三浦三崎を調査してきた生徒がその報告をして、全員で町の将来を考えあう場面であった。

　同時に生徒は学校の舟・網代中丸で沖にのり出し、採取したプランクトンを顕微鏡で覗いて理科の学習をした。「総合学習みたい」そうした学びの何をどう今に生かすか生徒自身にも考えさせたい。

Ⓐ

まだ谷を埋めきっていない落成当時の網代中学校（1952年、『静岡県六三制建設史』より）

Ⓑ
・多賀中学校建設費内訳

整地費(14%) 115万	建　設　費(63%) 516万6000円	雑　費 190万円

・網代中学校建設費内訳

整地費(30%) 437万円	建　設　費(49%) 713万円	付帯工事 294万3898円

土地購入費 47万7396円

網代中 校歌　3番

国新しく　興さんと
山を砕きて谷を埋め
つくりて仰ぐ学園に
風はためけば光あり
協和　協和　協和
ああ鐘は鳴る
　　　　　朝日ヶ丘
我らが母校
　　　　網代中学校

※戦後新教育の理
想・学校建設の歴史
と重ねてとらえる時、
自校の校歌は素晴ら
しい教材となる。

Ⓒ　**なぜ網代中を建てるのか**（要約）

　「一年の計なら田を作れ、十年の計なら木を植えろ、百年の計なら人を作れ」というように、今度の中学校建設は人を作る場所を建てる仕事であり、網代町百年の大計といえます。敗戦により武器を持たない国となった日本は何によって発展するのでしょうか。それはただ一つ文化国家建設への道であります。

　そう思えば、どんな犠牲を払っても教育第一主義で行くべきです。自分の地域に学校ができれば、貧乏な家の子もみな進学して中学教育を受けられます。（建設促進大会での報告）

Ⓓ

（平凡社『教育学事典』1955年）

〈参考〉聞き書き・網代中ができるまで

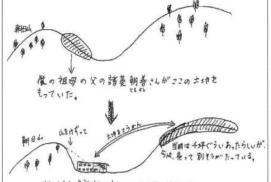

僕の祖母の父の諸菱朝善さんがここの土地をもっていた。

↓

網代中を建設するにあたって土地をこうかんした。

校舎建設の悩みは「資金」と「敷地」だった。

↓

町民の協力で

網代は土地が狭かったが、上のようなことでなんとかなった。

いろんな資料に載っていた人々の苦労があまりまとめられなかったが、学校をつくる大変さがしみじみ分かった。僕たちがどんな生徒になり、何をしなければいけないか、考え直したいと思います。（雅史）

35 国際連合と東西冷戦
──東アジアはどう変動するか──

国連旗に込められた意味を探り、戦後世界で強まった国際協力と植民地解消の動きをつかむ。
東西冷戦が激化して3つの分断国家が生まれる一方、平和中立の動きも活発化したことを知る。

1 星のマーク（紋章）から世界地図の旗へ ── 強まる国際協力と植民地解消の動き

文字を隠して◯Aを投影。『これは1946年まであったある組織のマークだ。組織の名は？』 続いて文字を示し意味を考え国際連盟のマークであることをつかませる。星の5つの頂点は5大陸を表していた。

続いて文字を隠して◯Bを投影する。「国際連合の旗だ」『気づくことは？』北極上空から俯瞰した世界地図には中心国家がない。その平等な世界を、平和を表すオリーブの葉が囲っている。『英語で言うと？』（文字を示して確認）リーグ（つながり）からユナイテッド（連合）へ。1945年に設立された国際連合は、連盟の仕事を引き継ぎ世界の平等と平和をさらに発展させる役割を持っていた。

一方、米英ソ仏中が国連常任理事国となり、重要な決定はこれら5大国の一致で行うこととなる。平等の反面の特権であった。『加盟国や植民地の数はどう変わるか』 記入させながら答えを合わせよう。加盟国増加・植民地解消の流れが見える。（①54・144・191・②15・6.5・0）

2 ベルリンの壁はなぜ？ ── 東西両陣営の対立と冷戦の始まり

『では、これなあに？』（◯Dを配布）「塀だ」「子どもが登ろうとしている」1961年に東ドイツが築いたベルリンの壁であった。『まちなかになぜこんな壁を？』（予想して教科書で検証）分裂していた西ドイツと東ドイツの交流や移動を妨げるためだと分かる。東ドイツはソ連中心の東側陣営に属し、アメリカ主導の西側陣営に属する西ドイツと激しく対立していたのであった。（1989年に統合）

『そこでアメリカと西ヨーロッパ諸国が1949年に結んだ同盟は？』「北大西洋条約機構」略してNATOという。『対抗してソ連と東ヨーロッパ諸国が結んだ軍事同盟は？』「ワルシャワ条約機構」略称はWTOまたはWPOだ。西側と東側は戦争（熱戦）一歩手前でにらみ合いを始めたのである。

『こうした緊張状態を漢字2文字で何というか』「冷戦」東西ドイツの分裂と西ベルリン・東ベルリンの境につくられた壁はその象徴であった。国連結成で平和への流れが強まる一方、冷戦による東西対立が生まれたのが戦後の世界であった。

3 分断された朝鮮とベトナム ── 中立・平和共存の道を探ろう

『東南アジア・東アジアの国々はどう変わったか』（◯Dに記入。地図帳参照可）まずは①〜⑨の国名を答合わせしたい。（①大韓民国＝韓国・②台湾＝「中華民国」・③フィリピン・④南ベトナム・⑤タイ・⑥モンゴル・⑦中華人民共和国・⑧北ベトナム・⑨朝鮮民主主義人民共和国＝北朝鮮）

『①〜⑤のアメリカ側（西側陣営）の国は赤く塗ろう。⑥〜⑨のソ連側の国（東側陣営）の国には黒い斜線を引こう』（◯Eを配布して作業）『何が分かるか』「西側と東側に分かれている」「東側の方が広い」「西側の国は島や海沿いが多い」「朝鮮が2つに分かれた」「ベトナムも2つに分かれた」

アジアにおいても冷戦が始まり、2つの分断国家が生まれたのであった。

だがインドネシアなどは白色。じつはインドも白色で東西どちら側にも入らない。『こうした新独立国がインドネシアのバンドンで55年に開いた会議は？』「アジア・アフリカ会議」日本も代表を送ったこの会議では平和共存や民族独立などの平和10原則が決議された。日本はその後どの道を進むのか。

ⓐ このマークは何という組織のものか

ⓑ

United Nations

ⓒ
当てはまる数字を ☐ から入れよう。

①国連加盟国の変化
・1945年　（　　　　）か国
・1975年　（　　　　）か国
・2004年　（　　　　）か国

┌─────────────────┐
│ 191・54・144 │
└─────────────────┘

②全植民地の合計人口の変化
・1930年　（　　　　）億人
・1945年　（　　　　）億人
・2004年　（　　　　）億人

┌─────────────────┐
│ 0・15・6.5 │
└─────────────────┘

ⓓ これなあに？

ⓔ ①〜⑨に国名を記入し、問題に答えよう。

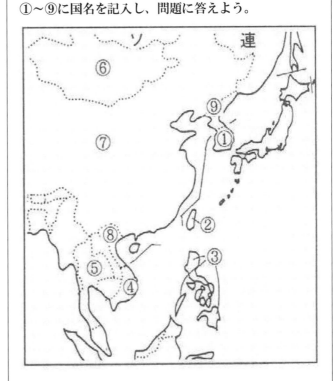

① （　　　　　　　　）
② （　　　　　　　　）
③ （　　　　　　　　）
④ （　　　　　　　　）
⑤ （　　　　　　　　）
⑥ （　　　　　　　　）
⑦ （　　　　　　　　）
⑧ （　　　　　　　　）
⑨ （　　　　　　　　）

◆西側陣営の①〜⑤は赤く塗ろう。東側陣営の⑥〜⑨には黒い斜線を引こう。
分かることは？

36 火をふく38度線
――"逆コース"から朝鮮戦争へ――

GHQがなぜ民主化政策を転換したかを考え、アメリカが日本に何を期待したかをつかむ。
朝鮮戦争が参加国を増やしてどう全土で展開されたかを知り、戦争への日本の関わりを理解する。

1　平和な社会の到来と"逆コース" ―― GHQはどう方針を転換したか

　『戦争中の女性の服装は？』「もんぺ」「防空頭巾」（教科書などを参照させたり画像を投影しても可）『戦後10年でその服装はどう変わるか』（予想➡Ⓐを提示）「ロングスカート」「明るく楽しそう」平和憲法の下で女性の社会進出も進んだ。静岡県伊東市役所職員の1955年の姿である。

　『その５年前の写真です。気づくことは？』（Ⓑを投影）「いろんな武器を持つ」「戦争の訓練だ」「自衛隊？」同じく武装した隊員の写真を教科書で探させ、警察予備隊（７万５千人）だと確認する。敗戦から５年後、平和憲法に反する武装部隊の創設が、憲法案とは違って国会審議もなくマッカーサーの指令１つで日本に押しつけられたのだ。武器は全て米国製、これが後の自衛隊につながった。

　『GHQは、それまでの民主化政策に反して他に何を行うか』（教科書参照➡発表）公務員のスト禁止・労働組合にいる共産党員の追放・旧軍人や戦争協力者の追放解除などが挙げられる。武装部隊復活はその到達点である。占領政策のこうした反民主的な転換を、当時の人は"逆コース"とよんだ。

2　冷戦から熱戦へ ―― アメリカは日本に何を期待したか

　『35Ⓔの地図を出し、日本に赤い斜線を引こう。こうして日本が西側陣営に入ると？』「台湾や韓国とつながる」「中ソ・北朝鮮に対抗できる」東側陣営の影響を防ぐ防波堤のようにつながる。ここでⒸを読ませる。東側への対抗上、アメリカが日本をアジアへの物資補給国や基地・軍隊の提供国として期待したことが分かる。『日本にその反対者がいたら？』「困る」「押さえる」再軍備反対の人や社会主義者はとくに邪魔だ。民主化から"逆コース"への占領政策転換の背景を理解させたい。

　『東側と西側が実際にアジアで戦うことはあったか』「あった」「朝鮮戦争」1950年６月に北朝鮮軍が境界の38度線を越えて戦争が始まった。ここでⒹを配布。『北朝鮮軍はＡＢどちら？』「Ａ」『韓国軍は？』「Ｂ」『西側・東側には他にどんな軍が参加？』「西は国連軍。東は中国軍」

　『Ａには黒斜線、Ｂには赤斜線を引いて気づくことを言おう』「最初はＡが優勢。米軍が入るとＢが優勢」「中国軍が入るとまたＡが押し返す」その後、1953年に休戦協定が結ばれて今日に至る。

　戦死者は両軍合計約75万人。民間人の死者は約167万人と言われるが詳細は不明である。

3　朝鮮特需と戦争への協力 ―― 日本との関わりを考える

　『朝鮮戦争で日本の景気は良くなるか悪くなるか』「戦争の影響で悪くなる」「米軍にいろいろ買ってもらって良くなる」全員がどちらかに挙手。教科書を検証させると、特需景気（朝鮮特需）についての記述がある。その内容をⒺのグラフから読み取らせたい。

　『最も多いものは？』「物資及びサービス」計４億5600万ドルに達し武器修理から水の提供まで含まれる。『２番目は？』朝鮮に出撃する軍人やその家族の消費である。日本は戦争する米軍などへの補給・修理工場となり、その莫大な利益で景気がよくなり戦後の復興を早めた。

　『日本人の動員や協力はあったか』　これも予想を聞く。朝鮮港湾での機雷掃海には海上保安庁から延べ54隻・1200人が参加して１名「戦死」。内地では日赤看護婦も負傷兵看護に動員された。

(防衛庁編『自衛隊十年史』より)

Ⓒ

日本を西側陣営の防波堤に

アメリカの日本に対する政策の第一は、日本をアジアに対する工場として、ロシアなどに対する厚い壁にしたてあげることである。

日本はイギリスと同じように沈まない航空母艦（アメリカの基地）として使うことができる。日本人は伝統的に反ロシア的であるから、日本はアメリカに固い忠誠をつくす植民地軍隊を提供する国になるだろうと期待されている。

（オーエン・ラティモア『アジアの情勢』日本評論社、1948年）

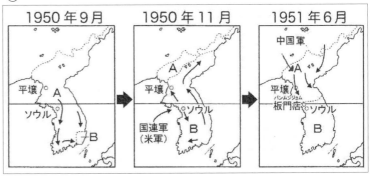

〈参考〉英文警察予備隊令

占領下にあって、主要な公文書はすべて日英両文をもって作成…英文が正文で、日本文はその訳文ということであった。

（安武貞雄『自衛隊十年史』より）

Ⓓ

1950年9月	1950年11月	1951年6月
平壌 A ソウル B	平壌 国連軍（米軍） A ソウル B	中国軍 平壌 パンムンジョム 板門店 ソウル A B

Ⓔ **1953年朝鮮特需＝約8億ドル**

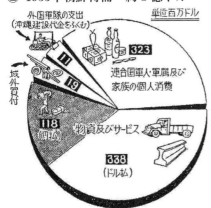

単位百万ドル

外国軍隊の支出（沖縄建設代金をふくむ）
連合国軍人・軍属及び家族の個人消費 323
城外買付
物資及びサービス 118（円払）
338（ドル払）
19
11

（日銀外国為替管理局調査）

〈参考〉朝鮮戦争への日本人の動員・協力

①朝鮮の仁川・元山・南浦・群山などで機雷掃海。掃海艇が1隻沈没。地図上でこれらの地点をマークすると北朝鮮でも作戦行動していることが分かる。

（城内康伸『昭和25年・最後の戦死者』小学館）

②日赤看護婦が多くの県から動員された。佐賀県では21名に召集令状を出し16名が出頭。熊本県では5名が1年3ヶ月も福岡の国連病院に勤務した。

（山崎静雄『史実で語る朝鮮戦争協力の全容』本の泉社）

③朝鮮への物資兵員輸送船にも日本人が多く雇われ、死者54人を出した。

（松尾尊兊『国際国家の出発』集英社）

37 日本の行く道は？
——独立の回復と原水爆禁止の願い——

> 切手の読み取りやグラフ作業を通して日本の講和にはどんな成果や課題があったかをつかむ。
> 安保条約により米軍基地が存続する一方で原水禁運動がなぜ高揚したか。その背景を考える。

1　切手にはなぜ日の丸が？ —— 日本の独立をめぐる光と陰

　Ⓐを投影する。「切手だ」「日の丸がある」「平和条約調印記念」8円切手である。1947～52年までは「00」により「銭」を表示した。「平和条約とは？」講和条約のことだ。これを結ぶと相手国との戦争状態が法的に終わる。下関・ポーツマス・ベルサイユなどの各講和条約を想起させたい。『知りたいことは？』「条約の名は？」「いつ結ばれたか」「日の丸とどんな関係があるか」

　『戦後に日本が結んだ講和条約を教科書で調べよう』　朝鮮戦争（1951～53）のまっただ中、日本が連合国側の国と1951年にサンフランシスコ講和条約を結び、占領が終わって独立を回復したことが分かる。その独立のシンボルが日の丸。この切手は調印翌日の9月9日に発行された。

　『独立回復をどう思う？』「いいと思う」『しかし人々の意見は賛成反対でまっぷたつ。なぜ？　調印国に斜線を引き、その理由を考えよう』（Ⓑを提示）調印したのは西側陣営の国々。東側の国やインドなどの中立国とは講和せず。反対者はそれを問題にしたのであった。「理想論でなく1日も早い独立を」と政府は言ったが、西側をふくむ全ての国との講和を求める署名は480万人分も集まった。

　『ソ連とはいつ国交回復？』1956年。『韓国とは？』65年である。『中国とは？』戦後27年目の72年であった。『まだ国交回復していない国は？』　北朝鮮であり、今も課題となっている。

2　地図から消えた「沖縄県」 —— 新領土の確定と米軍基地の存続

　『条約により日本が手放した植民地や戦争で得た領土は？』朝鮮・台湾・南樺太・南洋諸島である。『日本が放棄してソ連が領有した領土は？』千島列島である。『アメリカ軍による統治を認めた地域は？』沖縄県と小笠原諸島（東京都）だ。（大基地のない奄美は復帰運動が高まり53年に日本に返還）

　『条約と同じ日に、日本がアメリカと結んだ条約は何か』「日米安全保障条約」内容を予想させてⒸを読ませ、この条約で在日米軍はそのまま日本の基地を使うことになったことを押さえたい。続いてⒹに挑戦させて答えを合わせる。（①×・制限なし。全土基地方式。②○・税関検査も検疫も必要ない。③○・しかし右側通行が左側通行に変わるので事故が怖い。④○・⑤○・米軍関係者は治外法権）

3　原水爆はもういやだ —— 第五福竜丸事件と反核映画の大ヒット

　『一方、朝鮮戦争を横目に米ソは激しく核開発競争をした。そうした中、1954年11月に大ヒットした映画とは？』（Ⓔを投影し下から徐々に見せていく）「ゴジラだ‼」まず画像から分かることを発表。次は文字に着目させる。「水爆大怪獣映画とは？」水爆とは水素爆弾である。ここでⒻを読む。

　『実際に、54年に水爆をめぐってある事件が起きた』（教科書で検証）3月1日に静岡県の漁船第五福竜丸がビキニ島核実験に遭遇。「死の灰」を浴びて帰国後1名が死亡したのだ。重なる実験による日本の被災漁船は856隻以上。海洋汚染により457㌧＝刺身二百数十万人分のマグロが廃棄された。

　『そこでどんな運動が起きるか』原水爆禁止運動である。翌年には世界初の原水爆禁止大会が広島で開かれ、核廃絶署名が3158万3123人分集まった。『ゴジラ』はこうした中で上映され大ヒットした。

　日本が米軍基地を認めて西側の一員になる一方、人々には非核への強い思いが育ったのであった。

Ⓐ

〈参考〉なぜ日の丸が？
第一条（b）には「連合国は、日本国及びその領水に対する日本国民の完全な主権を承認する」と独立回復が明記された。

Ⓑ

日本との平和条約に調印した国に斜線を引こう。

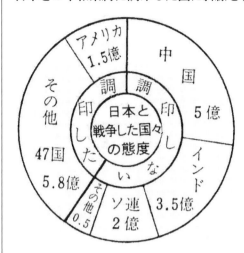

（円グラフ）日本と戦争した国々の態度
アメリカ 1.5億　調印した
中国 5億　調印しない
インド 3.5億　その他 0.5億
ソ連 2億
その他 47国 5.8億　調印した

◆講和会議に招かれない ── 中国・朝鮮
◆招かれたが中立的でないとして不参加 ── ビルマ・インド・ユーゴスラビア
◆出席したが調印しない ── ソ連・ポーランド・チェコ
◆調印したが国会で同意の手続きをしない ── フィリピン・インドネシア

◆調印国は、アメリカ・イギリス・フランス・オーストラリア・オランダ・ベトナムなどに日本を加えて49か国である。

Ⓒ Ⓓ

Ⓒ 朝鮮戦争中に調印された日米安保条約の内容とは？（要旨）

　日本は独立しても国を守る手段を持たないので、外国の直接間接の侵略から国を守るためアメリカ軍を国内やその付近に配備する権利をアメリカに与える。日本は他の国にはその権利を与えない。

Ⓓ 条約にともなう日米の協定（要旨） ── 正しいと思うものに〇をつけよう

①アメリカ軍が基地を置ける場所はいくつかの県に限られる。　（　　　）
②アメリカの軍人が任務で日本に来る時にはパスポートはいらない。　（　　　）
③アメリカの軍人・家族・関係者が持っている運転免許証は日本国内でも有効とする。　（　　　）
④アメリカの軍人・家族・関係者が使う物・資材を日本に持ちこむ時は税がかからない。　（　　　）
⑤日本で犯罪をしたアメリカの軍人・家族・関係者を逮捕したらアメリカ軍に引き渡す。　（　　　）

Ⓔ

Ⓕ

映画小説『ゴジラ』より（海原俊平 講談社X文庫）

　「50メートルぐらいの大きさの動物である…それがどうして、今回わが国の近海に現れたか…たびかさなる水爆実験によって、彼らの生活を完全に破壊された。もっとくだいていえば、あの水爆の被害を受けたために、安住の地を追いだされたとみられるのです」
　……
　山根博士が、静まり返った海面を見つめながら、だれにともなくつぶやいた。「ゴジラは死んだ…だが、あのゴジラが、最後の一匹とはいえない…もし、水爆実験がつづけて行われるとしたら、あのゴジラの同類が、また世界のどこかに現れてくるかもしれない」

〈参考〉激減した魚の消費拡大のため魚肉ソーセージを増産。53年の225㌧が65年には156937㌧となった。

38 アンポからオキナワへ
──日米中の新しい関わり──

国会前になぜ多くの人が集まったかを考えて新・安保条約を巡る問題をつかむ。ねばり強い運動で沖縄が返還され日中の国交も回復したが、そこには新たな課題も生まれたことを理解する。

1　人々はなぜ国会前に？ ── 新・日米安保条約の問題を考える

　1955年には2つの党が合同して、今もある日本最大の政党がつくられた。『党名は？』「自由民主党」それに対抗する社会党も一つにまとまり、この2党を軸に日本の政治はすすんでいった。

　『その5年後の1960年には何が起きるか』Ⓐを投影して分かることを問う。国会・家族連れ・赤ちゃん。プラカードで抗議などの気づきが出る。「キッシ」とは当時の岸信介首相のことだ。『この年、国会にはこうした人が何人くらい集まったか』（予想➡Ⓑを投影。または教科書で関連写真を探す）「すご～い」遠くから国会まで人の波が埋め尽くしている。最大で35万人のデモ隊が集まったという。

　『知りたいことは？』「なぜこんなに多く集まったか」「目的は？」ここで教科書を調査。新・日米安保条約制定に反対するためだと分かる。『人々は条約のどこに問題を感じたか』（Ⓒを提示➡読み取り）在日米軍基地が攻撃されたら日米が共同で防衛・日本の基地はアジアでの米軍の活動にも使うなどの課題が浮かび上がる。それでも日本はアメリカに頼って国を守るべき↔いや、米軍は自国の利益にならない時は日本のために戦わない等々今につながる論争も起きた。生徒の考えも聞きたい。

2　子どもたちが求めたものは？ ── 祖国復帰運動と沖縄の返還

　『では、これは何か』（Ⓓを投影）小学生が日の丸を掲げて真剣に声をあげ、中学校のプラカードも見える。「沖縄の子だ」米軍支配からの解放と平和憲法下の日本への合流を求めて沖縄県祖国復帰協議会が結成されたのは新安保反対運動と同じ1960年。米軍の抑圧にも負けず運動が始まった。

　『沖縄はすぐ日本に返還されたか』「されない」調べると、返還は復帰協結成12年後の72年であった。当時の首相は佐藤栄作である。『返還＝復帰で沖縄は平和になったの？』「ならない」「今も基地が多い」返還後はドルが円に変わり内地とも自由に往来でき、観光産業が大発展した。だが、今も在日米軍基地の70％が沖縄に集中し米軍犯罪も多発。そこで、辺野古新基地建設を認めない県民も多い。

　『返還の際に国の方針として3つの「ず」が決まった。教科書で探そう』　「核兵器を持たず、つくらず、持ち込ませず」の非核3原則である。アメリカの持ち込みを拒否できるかは今も課題となっている。

3　人々はなぜ行列を？ ── 日中国交回復と新たな課題

　『沖縄返還と同じ72年。何が起きたか』（Ⓔを投影）「人がいっぱい」「パンダを見に来た」「中国からパンダが来た」『なぜこの年に初めて来たのか。この時日中の間に何が起きたのか』答えは田中角栄首相と中国側の話し合いによる日中国交回復である。ここで日本側は中国への戦争責任を認めて「深く反省」し、中国側は被害の賠償を日本に求めないことになり両国の戦争状態は終結した。

　『さらに1978年に結ばれた条約は？』（教科書参照）「日中平和友好条約」こうして、65年の日韓基本条約に続いて、日本は戦後27年目にやっと中国との関係を正常化できた。『こうした日中国交回復交渉の中で話し合われなかったことは？』尖閣諸島の問題であった。韓国との間でも竹島問題は合意されていない。強制連行や慰安婦など、個人への補償問題も未解決である。

　それらの問題を抱えながら日本はアメリカや中国・韓国や北朝鮮とどんな関係をつくっていくだろうか。

Ⓐ 1960 (昭和35) 年 6 月11日

(声なき声の会編『またデモであおう』東京書店より)

Ⓑ

Ⓒ

新・日米安保条約の内容 (要旨)

　3条　日米は協力して武力攻撃に抵抗するそれぞれの能力を向上させる。

　5条　日本の領域で日本かアメリカ軍のどちらか一方が攻撃されたら、日米は共同して防衛する。

　6条　日本の安全と東アジア・東南アジアなどの安全を保つため、アメリカ軍は日本の基地を使用できる。

〈参考〉1972年 日中共同声明より

　日本側は、過去において日本国が戦争を通じて中国国民に重大な損害を与えたことについての責任を痛感し、深く反省する…

　中華人民共和国政府は、中日両国国民の友好のために、日本国に対する戦争賠償の請求を放棄する。

Ⓓ

Ⓔ

※Ⓑを投影せず教科書で類似写真を探させてもよい。

＊ 復帰の成果と課題とは？
──沖縄の側から考える／発展学習──

1 "沖縄型軍事植民地"の特色とは？── 税金は払うが権利は乏しい

当時の沖縄県民が、過酷な米軍統治を脱して日本に戻り、基地のない平和で豊かな生活を実現させようと努力したことに気づかせ、復帰の成果や課題を内地との関わりで考えさせたい。

さて、沖縄は日本の中でも小さな県だ。そこに米軍がつくった琉球政府の歳入予算はどんな構成であったか。Ⓐを配布し、①②③を斜線で色分けさせる。気づくことを発表させたい。（①米国の出す分が14％弱で最も少ない。②日本政府も援助・③県民の税金が60％で最も多い）

つまり、米軍の下にある琉球政府は県民の税金を柱に運営する。しかしその県民に権利は与えず米軍が広大な基地を自由に運用するのである。これが"沖縄型軍事植民地"の特色であった。

『米軍にはどんな力があったか』（予想➡Ⓑを配布。線を引いて気づくことを発表）政治も生活も人権も全て米軍が統制していたことが分かる。県民は日本へ行くにもパスポートが必要であった。

『その米軍関係で働く人は何人いたか』 1967年には約３万８千人。軍関係業者や外国人相手の商業者を併せると約10万人で、沖縄で働く人の25％に達した（『われらの沖縄』）。多くの県民は、自らを統治する米軍や被害を与える基地に頼って生活せざるを得ないのであった。

2 どうやって米軍支配をやめさせる？── 平和憲法のある日本に帰ろう

『このままでいいの？』「いやだ」「米軍の支配をやめたい」「基地もいらない」『では、どうやってやめさせるか』（相談➡発表➡教科書で確認）「1960年に祖国復帰協議会が結成」「祖国復帰へのねばり強い運動」などとの記述に着目させる。県民は平和憲法のある日本に戻って米軍統治から脱し、基地のない平和で豊かな生活を実現したいと考えたのだ。復帰協結成は占領から15年目・内地の安保闘争と同じ1960年のことだ。復帰運動は全島にくまなく広がっていった。（Ⓒ参照）

3 県民の願いは実現したか── 今につなげて考えよう

『そうした中で、祖国復帰＝沖縄返還はいつ実現するか』「1972年」復帰協結成から12年、米軍占領から27年後であった。『沖縄にある多くの核兵器はどうするか』返還の際には取り除くと日米の政府は約束した。『それに関連して衆議院ではどんな原則が定められたか。漢字５文字だ』「非核３原則」『具体的には？』「核兵器を持たず、つくらず、持ち込ませず」早口で３回言わせよう。

『今の日本で"持たず"は守られているか』「いる」『"つくらず"は？』「大丈夫」『"持ちこませず"は？』アメリカしだいで怪しいという意見も出る。非常時にはどうなることか。

『ならば、「米軍統治をやめ、基地のない平和で豊かな生活を実現」という県民の願いは達成できたか』

「日本の政治になったから少しは達成できた」「内地へ自由に行けるのはいい」「前より生活が豊かになる」「でも、基地はまだ多い」「辺野古新基地問題もある」

さまざまな意見を発表させるが結論は出さない。代わりに復帰時に屋良朝苗沖縄県知事が出した県民へのメッセージ（Ⓓ）を紹介する。「いろいろな問題」とは？「新しい困難」とは？… 具体的に考えさせ、自分たちの意見と比べさせたい。

最後に時間があれば、沖縄返還と同じ1972年に中国との間に何が起きたかを教科書で確認させ、日中国交回復やパンダの渡来について押さえる。さらには、韓国や北朝鮮との関係はどうなったかをチェックさせ、沖縄から東アジアにまで視野を広げて授業をまとめたい。

Ⓐ

1968年度　琉球政府一般会計歳入予算

4,037万ドル (33%)
依存財源
① 米国援助 1,666万ドル
② 本土政府援助 2,371万ドル
税外収入 867万ドル

11,975万ドル

③ 琉球政府自己財源
租税収入
7,051万ドル (60.3%)

7,937万ドル (67%)

（沖縄教職員会編『われらの沖縄』沖縄時事出版）

Ⓑ

米軍の沖縄統治のありさま

　米軍がつくった琉球政府のトップは行政主席である。議会で選んだ人物を米軍の責任者が任命するが拒否もできる。（知事なみに住民が選挙で選べるようになったのは1968年）

　また、沖縄では日本国憲法が通用しない。最も力をもつのは米軍責任者の出した命令だ。彼は主席や議会が決めたことでも変更できる。米軍関係の犯罪は琉球警察に捜査権や逮捕権がなく裁判も日本側で行えない。

　お金はドル。アメリカ式の左側通行。速度はマイル表示で県民には不便。基地拡張のため土地を奪われることもあった。

〈参考〉素手で米軍の銃剣に立ち向かう

Ⓒ

祖国復帰運動と子どもたち

復帰行進の先生と国頭村の子ども
（関広延『沖縄教職員会』三一書房）

◆米国に言ってやりたい（抜粋）

　アメリカ人は沖縄に基地を作りベトナム戦争にそなえて演習をしている。

　「6月11日、隆子ちゃん（5年生）が空から落ちたトレーラーにおしつぶされて、死んでしまった」

　ニュースを聞いて悲しく、また怒りがこみあげてきた。隊長の言うには「ひなん訓練をしなさい」と、こんなばかなことがあるでしょうか。沖縄の人を殺したなら沖縄の人が裁判すべきなのに。だまってみのがすわけにはいかない。一日も早く、今日にでも帰ってもらう。それが私のアメリカに対して言いたいことです。

── 南大東小6年　前城しげ子
（『沖縄の子ら』合同出版）

Ⓓ

復帰時の屋良朝苗知事のメッセージ（要旨）

　沖縄県の復帰は、疑いもなくここにやってきました。しかし…そこには米軍基地をはじめ、いろいろな問題があり、これらをもちこんで復帰したわけであります…これからもなお厳しさが続き、新しい困難に直面するかもしれません…平和で、今より豊かで、より安定した希望のもてる新しい県づくりに全力をあげる決心であります。　　　（1972年5月15日）

39 聖火が照らす二つの「日本」
――沖縄からとらえる高度経済成長時代――

> 聖火を大歓迎した沖縄県民の所得は本土と大きな格差があったことを理解する。本土での高度経済成長の特色や問題点を生活・交通・産業の変化を通して学び、沖縄県民の思いを考える。

1　最初に聖火リレーをした県は？――人々はなぜ熱狂したか

　①～③を隠してⒶを提示。まず気づくことを発表させる。聖火が沖縄の守礼の門の前で燃え、遠くにギリシャのパルテノン神殿が見える。最初に①を外す。「琉球だから沖縄返還の前だ」次は②をとる。「円でなく¢」『誰に便利？』「アメリカ人」③をとると「東京オリンピック沖縄聖火リレー記念」とある。「えー!! 沖縄で聖火リレーしたの？」聖火がアテネから那覇空港に到着したのは64年9月7日。沖縄は日本最初の聖火リレーの地であった。

　『ランナーが走る道は？』　日ごろ米軍が禁止する日の丸の旗を振り万歳を叫ぶ人の波で埋まる。地元紙は「"復帰"のような喜び」と報じた。聖火は現・名護市の嘉陽地区にも運ばれて一泊。地元では校舎修理や運動場整備・宿泊所やシャワー室仮設などをやり抜いた。『その時つくられ今も嘉陽にあるものは？』（Ⓑの記念碑を投影）これほど聖火を歓迎した背景には内地へのあこがれがあった。

2　沖縄と内地の所得を比べると？――60年代の内地の生活を知る

　『では、沖縄と内地の名目国民所得を比べよう』　（Ⓒを配布➡発表）①は内地、②は沖縄である。①は②よりずっと多く4年で倍近くになる・増加額も倍以上だ!・なぜ内地はこんなに増えたのか・平和でたくさん仕事があったと思う・だからあこがれる…さまざまな意見や疑問を出させたい。

　平和な内地では、こうした所得増で物質生活が豊かになっていった。だから、社会が安定してオリンピックも開けるのだ。いったい内地にはどんな変化が起きたのか。まずは生活の変化を探る。

　『この時代に"三種の神器"と言われたものは？』（教科書参照可）テレビ・電気冷蔵庫・電気洗濯機である。それにより娯楽と食と家事労働が変化して生活の都市化が進み「中流意識」が生まれた。『オリンピックの年に開通したのは？』「東海道新幹線」東京－大阪は約3時間半で結ばれた。

3　沖縄県民は内地のどこにあこがれたか――高度経済成長の光と陰

　『ならば、60年代にはどんな産業が発達しどの産業が減少したか』（予想➡Ⓓを提示）第2次・第3次産業の急増と第1次産業の急減が分かる。24年間に減少した1次産業従事者は東京都一つ分弱の1034万人だ。『どこからどこへ行ったのか』農山漁村から都市部・開発地域へ移住したのだ。

　『こうした中で国民の所得が増えた経済発展の時代を漢字8文字で何というか』（多数の挙手を待つ。一斉に言う）「高度経済成長時代!!」『国が73年に無料にしたものは？』65歳以上の医療費である。（83年まで）平均寿命は1960年から70年までの10年間で男女とも5歳以上も延びた。

　『こうした内地を見て沖縄県民はどう思う？』「そんな日本に戻りたい」米軍統治下で命さえ脅かされる県民は、祖国に復帰して「基地のない平和で民主的で豊かな沖縄」を実現することを強く望む。日本で最初に迎えた聖火を大歓迎し、「本土との一体化」を実感しようとする現象はその一環であった。『では、1974年になぜこの映画ができたか』（Ⓔを投影）「汚染が進んだ」「公害がひどくなった」『どんな公害が問題になったか』（相談・想起➡発表）4大公害など出された意見は教科書で検証。過疎・過密などの問題にもふれ、この時代がバラ色だけではなかったことを押さえたい。

Ⓐ

② ①

③

Ⓐ´

3¢ 琉球郵便
RYUKYUS

1964
オリンピック東京大会
沖縄聖火リレー記念

Ⓓ

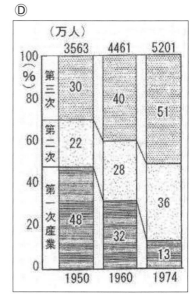

（万人）

		3563	4461	5201
100（％）				
80	第三次	30	40	51
60	第二次	22	28	
40	第一次産業	48		36
20			32	
0				13
		1950	1960	1974

Ⓑ

（提供 新城聡康）

Ⓒ 国民所得の比較・①②のどちらが内地で沖縄か

一人当たり	①〈　　　〉	②〈　　　〉
1960年	127440円	73080円
1964年	211320円	115920円
増加額	83880円	42480円

（琉球政府資料 1966年）

Ⓔ

映画「ゴジラ対ヘドラ」（1974年）
── これはどんな怪獣か

（『決定版　ゴジラ入門』より）

ヘドラ　ヘドラ　ヘドラ
ヘドロの中から生まれた
（『ヘドラをやっつけろ』）

汚れちまった海
汚れちまった空…
いのちを　人間を
かえせ　かえせ
かえせ　かえせ
（『ゴジラ対ヘドラ』）

　　沖縄北部の生徒たちを想定した授業プランである。戦後史においても、こうして身近な地域と全国史のサンドイッチ授業をしていきたい。そこからさらに、①地域の人に話を聞く・②現地へ行って調べるなどの発展が可能となる。また、切手や怪獣などを教材化して、難しい政治中心の戦後史から脱却したい。

40 テレビとマイカー
──戦後の生活や文化の変化を探る──

画像を読み解き、生活や社会が高度成長期にどう変化したかを戦争直後と比べて理解する。
カードを並べかえ教科書を読んで戦後の生活・文化の流れをつかみ、気づいたことを学びあう。

1　男たちはなぜ集まった？ ── テレビ時代の始まり

　Ⓐまたは同種の画像を A3に拡大して２人に１枚配る。『気づくことや疑問は？』　対話は必ず活性化。「1955年だ」、「男ばかり」「女もいる」「でも男が圧倒的」などの声を受け「男たちはなぜ集まった？」と課題を設定する。予想を発表。正答が出ても表情を変えずに他の意見を求めたい。

　①選挙集会説・②舞台ショウ説・③街頭テレビ説…③に対しては『画面の大きさは？』と聞く。『そんな小さいものをこれだけ多くの人が見たんだね？』これで③が揺らぐ。正しいと思うどれかに挙手。Ⓑを投影。答えは街頭テレビであった。③の正答はここで評価する。（発言の後時評価）

　『何を視たか』Ⓒを投影。「プロレスだ」「だから男が視る」欧米人を倒す力道山の空手チョップにみた熱狂。1957年には全国278ヶ所に街頭テレビが設置された。１台は18万円（大卒初任給7000円）で放送開始時の53年における受信契約数は886件だ。『10年後の1963年は？』１千万件を突破。急増に対応するため、世界一高い電波塔・東京タワーが完成したのは高度経済成長時代の58年であった。

2　サザエさんの生活はどう変化？ ── 社会や学校の変化にも目を向ける

　『では、戦争直後から高度成長時代にかけてサザエさんの生活はどう変化するか』（Ⓓを各自に配布➡書きこみ➡発表）いきいきと外で洗濯する専業主婦と井戸端会議の時代から電化と個（孤）の時代へ。

　ひまになったサザエさんは66年にパートに出た。共働きで多忙化すれば家事はさらに「三種の神器」に依存。高度成長期には女性の生活も大きく変わり始めた。『60年代後半にあこがれの的になった「３Ｃ」とは？』クーラー・カー・カラーテレビであった。売るためのテレビCMが消費を刺激した。『大量生産・大量消費した製品のその後は？』「粗大ごみ」今に続く大量廃棄時代もここから始まる。

　『高校・大学の進学率は？』（Ⓔを投影）激増した。「いい会社」に入るには➡「いい大学」へ。「いい大学」に入るには➡「いい」高校へ。『そういう高校は倍率が高い。中学校で足りない勉強は？』「塾でする」「今と同じ」会社中心社会形成の過程で受験競争が激化し多くの問題が生じた。

3　戦後の生活や文化の流れとは？ ── 今につながるコト・ヒト・モノはいつ始まったか

　『戦後の生活や文化について、次のカードを３つの時代ごとに分けて黒板に貼ろう』（Ⓕの事項をカード化して黒板に貼る。ⒶⒷⒸの各時代の下に貼付させていく）答えは以下の通りである。

Ⓐ敗戦から1954年まで　　　　Ⓑ55年〜73年まで（高度成長期）　　　　Ⓒ74年から

③・④49年　⑧52年　　　⑦58年　①60年　⑥61年　　　②74年　⑤83年

　『ⒶⒷⒸをみて何が分かるか』「アトムや美空ひばりが思ったより昔」Ⓐの時代は新しい漫画や映画・流行歌が大人気。学問研究でも前進が始まる。胃カメラ発明も50年であった。「Ⓑの時代は国民が楽しみ始めた」さっと食事して、マイカーで出かけ、野外で缶ビールを飲む。トヨタパブリカは１台38.5万円で大衆車とよばれた。「Ⓒになると今と同じ」夜型社会の始まりに商業も対応した。

　教科書の該当ページを読ませるとさらに詳しく状況がつかめる。最後は『戦後の生活や文化をふりかえって分かることを書こう』と投げかけ、ノートしたことを発表させて授業をまとめたい。

Ⓐ

（『新版 戦後50年』毎日新聞社）

Ⓑ
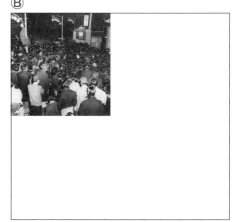

（『日録20世紀 1957年』講談社）

Ⓒ

（『日録20世紀 1957年』講談社）

Ⓓ ①1947（昭和22）年

⬇

②1966（昭和41）年

Ⓔ

進学率はどう変化？		
	高校進学率	大学進学率
1951年	45.6%	23.6%
1971年	85.6%	26.8%
2017年	98.8%	54.8%

Ⓕ

始まりはいつ？　次のカードを時代ごとに分類しよう

①缶ビール　　　　　②セブンイレブン

③湯川秀樹ノーベル賞　④美空ひばり映画主演

⑤東京ディズニーランド　⑥大衆車パブリカ

⑦即席ラーメン　　　⑧鉄腕アトム（漫画）

＊ 男たちはなぜ集まった？
──"ちょこっと高知史"を組み入れる／発展学習──

> 2019年の1月、高知市立大津中学校の2年生40名に対し飛び込み授業を行う機会を与えられた。本書40「テレビとマイカー」のプランの後半を変えて"ちょこっと高知史"を組み入れ、高度経済成長の背後にある社会や地域の変化を考えさせる授業である。その特色を解説してみたい。

（1）　本時の目標

　　　　⑦1枚の写真をペアで読み解いて「？」を見つけ、①高度経済成長時代の生活の変化を資料からつかんで、⑰その背後にどのような社会・地域の変化があったかを理解する。

（2）　指導過程

	予想される生徒の活動と教師の働きかけ	留　意　点
関心を持つ　つかむ	1枚の写真から気づくことや疑問を発表しよう 「広場」「1955年」「人がぎっしり」「みんな男」「女もいるよ」 「でも、男が圧倒的」 「何で男がいっぱい集まったの？」 ・正解は？　テレビはいつごろから登場？ ・他にどんな電化製品が？…「三種の神器」「3C」 ・1958年ごろから1973年までの時代を何という？ ・この時代、人々の生活はどう変わるか。	・ペアで写真を読み解く。 （Aイメージ化の導入資料） ・生徒の発言を全体に戻す。 ・生徒の予想を引き出す。 ・BCの検証資料を全体に提示 A～Dは前ページの資料をそのまま活用
広げる	サザエさんの生活の変化を比べて分かることを書こう 　〈A〉1947年　〈B〉1966年 「たらいから洗濯機へ」「井戸から水道へ」「外から家へ」 　　「仕事が楽になった」 高度経済成長時代に、働く人が減っていく産業といちばん増えていく産業を予想しよう。 ・理由がある人は発表しよう。 ・1958～59年に大ヒットした高知を歌った歌は？（Fを提示） 　（どこで歌っているか。当時、なぜこの歌が全国で流行したか） ・東京などの人口はどうなる？　農漁村の人口は？	・個での学習に集中させる。 （D対比資料の配布） ・モノの変化・生活の変化・気持ちの変化に迫る。 ・第一次・第二次・第三次産業の意味を再確認。 ・E統計資料から事実を検証。 ・歌の題名と歌詞を提示。教師側からは内容を確認しない。 （F地域資料から意見形成）
まとめる	高度経済成長時代の生活や社会の変化をまとめよう ・生活　手作業➡電化 ・産業　第一次（減）　二次三次（増） ・人口　農漁村部（減）　都市部（増）　・進学者（増） ・今に続く社会・産業・生活の変化はここから始まった。	・定着させたい事項を生徒との応答を通して板書にまとめる。

◆生徒たちは、関心を高めて学びあいながら、高度経済成長時代の特色をつかむことができたか。

※Ⓐ︎Ⓑ︎Ⓒ︎Ⓓ︎は本書の40「テレビとマイカー」で使用する資料と共通である。今一度参照していただきたい。Ⓔ︎Ⓕ︎については次の資料を使用したい。

Ⓔ︎1

働く人の割合(%)	第一次産業 (業)	第二次産業 (業)	第三次産業 (業)
1950年	46.0 %	22.0 %	30.0 %
1970年	%	%	%
2002年	%	%	%

〈解答〉

1970年	19.4%	34.0%	46.6%
2002年	4.7%	28.2%	65.6%

〈口頭補足資料〉
2015年　3.6%　24.1%　70.7%
47位東京=0.4%　・1位青森=12.03%　・2位 高知 =11.42%

Ⓔ︎2

進学率(%)	高校進学率	大学進学率
1951年	45.6%	23.6%
1971年	85.6%	26.8%
2003年	97.3%	44.6%
(2017年	98.8%	54.8%)

Ⓕ︎南国土佐をあとにして

♪南国土佐を　あとにして
都へ来てから　幾歳ぞ
思い出します　故郷の友が
門出に歌った　よさこい節を

> この人はどこでこの歌を歌っているか。

※授業時数が過密な中、地域学習に1時間全てを費やしにくい状況がある。そんな時こそ必要なのが"ちょこっと地域史"。例えばこうして資料を途中にはさむ。
地域との関わりで歴史を身近に感じさせたい。

◆ この授業の流れ（①〜⑥）と4つの構成要素

〈学習方法〉	〈学習形態〉	〈学習内容〉	〈時間配分〉
①ペアで一つの資料を読み解く（対話を活性化）（イメージ化の導入資料）	ペア学習	㋐具体物レベル	15分
②「えー、そうなのか」全体で一つの資料に着目（疑問を瞬時に解消する逆転の検証資料）	一斉学習		
③マンガを対比して分かることを探す（個の作業活動を促す対比の視覚資料）	個別学習	㋑生活レベル	15分
④日本の産業構造はどう変化したか（事例を一般化する統計資料）	一斉学習	㋒社会レベル ⇕ 地域レベル	10分
⑤歌謡曲を資料に"ちょこっと地域史"を入れる（統計数値と具体を往還させる地域資料）	班学習（相互発表）		10分

⑥まとめ
◆プロレス・街頭テレビ・3種の神器・3C（㋐）➡◆戦後と高度成長期のサザエさんの生活（㋑）
➡◆産業構成の変化・教育への影響・地域との関係（㋒）をふりかえって押さえる。

41 自立へ向かう世界
——ベトナム戦争とアジア・ヨーロッパの変動——

> ベトナム戦争と各国の関わりを考えて戦いの結果をつかみ、東欧でも自由を求める運動が起きたことを知る。地域共同体も発展して世界には自立への多様な動きが生まれたことを理解する。

1 「独立ほど尊いものはない」（ホー・チ・ミン）—— "アリ"は"巨象"になぜ勝てた？

　Ⓐを黙って提示する。「戦争だ」「ヘリもいる」「アメリカ兵？」見えない敵を探して兵士は草原を進む。「何という戦争？」ベトナム戦争である。『他にどの国がアメリカ側で戦ったか』（予想➡Ⓑを配布して地図作業➡発表）ベトナム戦争はアメリカの戦争であると同時に、アジアの戦争でもあったことが分かる。日本は米軍の補給基地となり、沖縄からは爆撃機が連日飛び立っていった。

　『米軍はどこと戦ったか』（Ⓒを提示）「北」を爆撃する一方、「南」ではアメリカ軍を排除して独立をめざす勢力と戦ったことが分かる。ソ連や中国は参戦せずに物資を送り「北」と解放戦線を支援した。アメリカ政府は「北」がベトナムを統一して社会主義がアジアに広がることを恐れていた。

　『アメリカ国民は戦争を支持したか』死傷者が増え1500億ドルの戦費で財政が苦しくなる中、反戦運動が高まっていく。『どちらが勝ったか』北と解放戦線である。アメリカは65年から8年間南ベトナムに最大54万人の兵士を送り、5万8千人の戦死者と30万人の負傷者を出したが敗北。73年には兵士を全て撤退させた。ベトナムは76年に統一され外国基地のない独立国となった。

2 「プラハの春」—— 東欧に生まれた自立への動き

　ならば1960〜70年代に、大国からの自立をめざしたのはベトナムだけか。「他にもある」と生徒は言う。そこでⒹを提示し、人々の表情に着目させたい。（発表）

　戦車の前に立ちふさがり、懸命に叫ぶ若者はプラハ市民だと分かる。『戦車に乗っているのはどこの国の兵士か』…『この時チェコの首都プラハで何が起きたのか』（予想➡教科書で検証）

　自由で民主的な社会主義をつくる動き＝「プラハの春」が、侵攻してきたソ連軍に弾圧されたことが分かる。市民はその蛮行に非暴力で立ち向かったのであった。この時つぶされた東欧市民の自由を求める運動は90年前後に再び大きく盛り上がっていった。『ベトナムとチェコの共通点や違いとは？』共に独立や自主・自由をめざすが、一方は武力で勝利し他方は非暴力で運動を続けた点にあった。

2 アジアとヨーロッパの2つの旗 —— 大国から自立した地域をめざして

　『では、これは何？』（Ⓔの㋐㋑を提示）㋐は1967年結成のＥＣ（ヨーロッパ共同体）の旗で、今はＥＵ（ヨーロッパ連合）旗となった。12の☆は「完璧」と「充実」を、その円環は欧州の連帯を表す。第一次・第二次大戦で死闘を演じた独仏などが一つの地域共同体にまとまったのであった。

　㋑はＡＳＥＡＮ（東南アジア諸国連合）の旗だ。太陽を背に10本の稲が束ねられ東南アジア10か国の結束を示す。61年には加盟3か国であったが90年代には10か国となる。ベトナム戦争時には互いに戦った国々が地域共同体のパートナーになったことに気づかせたい。

　『アセアンとＥＣの共通点や違いとは？』小国が結束して経済面などで大国に対抗する点は共通する。ただし前者は時に国の枠を超えて交流するのに対し、後者は独立国同士の協同をめざす。60〜70年代の世界には多様なかたちで大国からの自立や共同の動きが表れたことを再確認して授業をまとめたい。

Ⓐ

Ⓑ
①～⑤の国を地図に赤く塗ろう。気づくことは？

北ベトナム

南ベトナム

〈アジアの参戦国と最大派兵数〉
①韓国（5万人）　②タイ（11570人）
③オーストラリア（7670人）　④フィリピン（2060人）
⑤ニュージーランド（550人）

Ⓒ
米軍側は青色、相手側は赤色で囲もう。

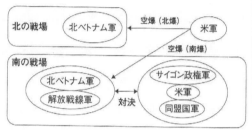

（遠藤聡『ベトナム戦争を考える』明石書店）

◆ここに至る歴史は、教科書などでフランス植
民地からの独立以来の流れを調べて理解したい。

Ⓓ

1968年　チェコ・プラハ

〈参考〉ベトナム戦争と沖縄の復帰運動

　沖縄でも莫大なドルがおとされ、ヴェトナム
景気にわきました…沖縄では「基地を提供して
いる沖縄住民もヴェトナム戦争の加害者だ」と
いう認識を持つようになり、「祖国復帰運動」も
基地の全面撤去を求める「反戦・平和」運動へ
と流れを変えていきました。

（新城俊昭『琉球・沖縄史』東洋企画）

Ⓔ　㋐

右の㋐㋑は何の旗か

㋑

42 トイレットペーパーが消えた
──石油危機・貿易摩擦を越えて──

作文などから石油危機による社会の混乱をつかみ、高度成長期から低成長期への産業の変化を理解する。中東問題や貿易摩擦の概略を学び、安定成長による日本の経済大国化の過程を知る。

1 高度経済成長から低成長へ ── 産業の特色はどう変わるか

「オイルショック」または石油危機という言葉を知っているか挙手で問う。意見発表後にⒶを読ませ感想を交流させる。『**教科書で当時の写真を探そう**』 トイレットペーパーも買えない騒ぎである。

この石油危機により日本の高度経済成長が終わった。そこで（　　）に入る語句を考えさせる。答えは「低成長」や「省エネ」であるが「節約」など個性的な発想も評価する。『**これは何？**』（Ⓑを投影➡予想）79年に大平正芳首相が披露した節電・省エネルックで、今のクールビズの元祖と言える。

ここで、高度成長期に発達した重厚長大産業とは鉄鋼・造船・セメント・化学などの重化学工業であることを押さえる。『**では、低成長期にはどんな産業が発展するか**』（予想➡Ⓒを投影して名称を問う）正解はポケベル。1968年に発売されると年々機能が充実した。『**1978年には日本語ワープロを発売。値段は？**』 1台630万円である。この年には数社がパソコンを発売。85年には自動車・携帯兼用のショルダーホンが販売される。発達し始めたのはＩＴ（情報技術）産業であった。

『**つまり、今までの重厚長大産業がどう変わるのか。黒板の（　　）に漢字を入れよう**』 重➡軽・厚➡薄・長➡短・大➡小と対比的に導き出す。低成長時代は「軽薄短小」が花形産業となった。（板書例参照）

2 石油危機はなぜ ── 日本と中東の深い関わり

『**では、なぜ石油危機が起きたか**』 まず地図帳を開きⒹの①と②の国名を色分け。気づくことを発表させる。②の主な国々は、①が占領した土地の返還を求めて73年に第4次中東戦争を起こす。同時に②は石油価格を30％引き上げ①を支援するアメリカなどへの輸出を停止。価格をさらに約4倍に値上げしたので、②に石油を頼る西側諸国は危機に陥ったのであった（中村正則『戦後史』岩波新書）。

主な資本主義国は75年から先進国首脳会議を開く。日本の経済成長は戦後初のマイナスとなる一方、"狂乱物価"と言われるほど物価が上がる。社会の混乱が深まる中で田中角栄首相は辞任した。

『**ここでクイズ。60年代はゼロ、70年代には18、80年代には14つくられたものは？**』 原子力発電所である。石油に代わり未来を拓くエネルギーとして大々的にＰＲされ、ここから原発時代が始まった。

3 日本車をこわせ!! ── 貿易摩擦にどう対応して経済大国に

『**不景気になって日本で売れ行きが落ちた会社はどこへ製品を売ろうとするか**』「外国」主なターゲットはアメリカであった。『**そのアメリカでは何が起きるか**』（Ⓔ─①を投影）「自動車を壊している」「なぜ？」「どんな人が？」正答が出ても動じない。他の生徒に投げ返してさらに意見を募る。

一段落したところでⒺ─②を投影。分かったことを出させる。米国自動車産業労働者が自分の仕事を守るため日本車輸入増大に抗議した行動だとまとめたい。これも日米貿易摩擦の象徴であった。

『**日本の自動車メーカーはどうするか**』 輸出を減らす一方、現地に会社をつくりアメリカ労働者を雇って生産を始めたのである。こうして日本の会社の海外進出はさらに盛んになった。各会社でも少ない経費で生産が増えるよう従業員と協力してくふうを重ねる。経済は回復に向かい安定成長を始めた。『**その結果、日本は（　　）大国と言われたか**』「経済大国!!」その先には何が待っているのだろうか。

Ⓐ

石油ショックと私の家

　私の家はクリーニング屋です。洗濯物を洗うのは、せっけん、きはつ油、全て石油からできるものです。機械もプレスもボイラーも石油が燃料なので、営業できるかと思うくらいでした。つぶれた会社もたくさんあったそうです。

　ガソリンスタンドもお得意さんでなければ売ってくれず、売っても少しだけだったといいます。

　テレビの深夜放送がなくなり、都市のネオンもつけてはいけないというくらい…毎週のように石油の値段がつりあがっていったそうです。お父さんもお兄ちゃんとティッシュや砂糖などを湯河原の方まで買いに行ったといっていました。

〈静岡県・熱海多賀小5年　真樹〉

◆これを機に日本は高度成長時代から

　　（　　　　　　　　　　　）時代になった。

Ⓒ

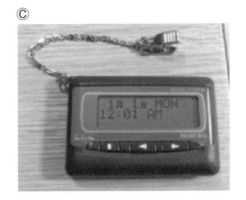

〈板書例〉

重・厚・長・大

どう↓変わる？

（　　）（　　）（　　）（　　）

Ⓑ

Ⓓ

地図帳を開き、次の①と②を色分けしよう（斜線でもよい）

①イスラエル（それまで住んでいた人々を抑えてユダヤ民族が建国）

②アラブ石油輸出国機構（OAPEC）10か国

　・サウジアラビア・バーレーン・エジプト・アルジェリア・アラブ首長国連邦

　・イラク・クウェート・リビア・カタール・シリア

〈参考〉日本の原子力発電所建設数の変化（2020年8月現在）

①1960～69年　試験炉のみ　　②70～79年　18基

③80～89年　14基　　　　　　④90～99年　16基

⑤2000年以降　8基　　※原発は70年代に最も多く建設された。

Ⓔ－①アメリカで

Ⓔ－②日本の港で

43 米ソ冷戦の終わりと新しい課題
── テロや戦争はどこで多発するか ──

> コンクリート片の「？」を探って東西冷戦の終了と東欧の変動・ソ連解体への動きをつかむ。
> 同時多発テロを契機に米国がどこで戦争し、そこに日本がどう関わったかを資料から考える。

1　壁を崩した自由への願い ── 東欧諸国の変化とソ連の解体

　文字の部分を隠して④を投影。反応を受け、ドイツの都市で土産物として売っているコンクリートの破片であることを教える。「なぜそんなものを売るの？」「売れるの？」ここで文字の部分を示す。「ベルリンの壁だ‼」『1961は壁建設の年。ならば1989は？』（予想➡教科書で検証）壁が壊され東西ドイツの往来が自由になった年だ。壁の破片はその記念として売られていた。

　『翌90年に東西のドイツは？』「統一」つまり東ドイツは消滅した。『他に東側陣営の国々にはどんな変化が起きたか』（教科書で調査）自由を求めて、東欧の国々がソ連型社会主義の道から次々離脱したことが分かる。『91年には？』ついにソ連自体が解体されロシア連邦など15の国に分かれた。

　『これで米ソ冷戦が終了。残った世界一の超大国は？』「アメリカ」『それにより世界は平和になるか』「ならない」理由を聞くとさまざまな不安定要因が出される。その間、日本では89年に昭和天皇が死去した。『新しい元号は？』「平成」2019年まで30年間の歩みがここから始まった。

2　戦争でテロは解決するか ── アメリカ政府の選択は？

　『2001年には何が起きるか』（⑧を投影）「あ〜、テロだ」（関連知識を発表）アラブ系の実行犯たちがハイジャックした旅客機で数ヶ所に突入したと報道された。これを「9・11同時多発テロ」という。死者は約3千人。『彼らはなぜアメリカをテロ攻撃したか』「恨んでいた」『理由は？』（予想➡解説）

　まず、アメリカは中東戦争でアラブ諸国と戦ったイスラエルの最大支援国だ。次に1991年に中東で起きたある戦争をきっかけに、イスラム教の聖地メッカのあるサウジアラビアに米軍が駐留し始めた。アラブに敵対しアラブで戦争するアメリカへの怒りが彼らをテロに走らせたと思われる。

　『91年の戦争とは？』（教科書参照）米軍主力の多国籍軍が、クウェートに侵攻したイラク軍を駆逐した湾岸戦争であった。『アメリカ政府は多発テロの後に何をするか』（つぶやき）『テロ実行犯の支援国と考えた「ア」と「イ」のつく国に戦争をしかけた。地図帳で探してマークしよう』　アフガニスタンとイラクである。バーミアンの石仏やチグリス・ユーフラテス川を確かめたい。侵攻した米軍や同盟国軍は各政府を倒したが、人々の強い抵抗を受けてイラクでは撤退しアフガンもその方向に向かった。

3　アメリカの戦争と日本の関わり ── アフガンとイラクで自衛隊は何をするか

　『日本は米軍と共に戦争できるか』「できない」戦争放棄を定めた憲法9条にここでふれる。『ならば、それまで自衛隊は海外でどんな活動をしていたの？』（教科書参照）92年以来、国連の平和維持活動（PKO）に参加して紛争を調整する役割を担っていた。『では、2004年当時の自衛隊は海外で何をしていたか』（ⓒを提示➡作業・分かることの発表）「国連PKO活動より、戦争する米軍を支援する方が多い」自衛隊のこうした傾向はその後強まるか弱まるか予想させたい。

　一方、イラク戦争開戦前には世界に反戦運動が広がった。計122か国の首脳が「戦争拒否」を声明、新聞には「30か国以上で一斉行動」「欧州7大市長が反戦アピール」との見出しが躍った。

　平和を願うこのような声がその後強まるか弱まるか。これについても生徒の考えを聞いてみたい。

Ⓐ

the wall · le mur · 壁
Berlin
13.8.1961 — 9.11.1989

〈参考〉ソ連解体後の国々 —— ロシアに斜線を引こう。

旧ソ連

ベラルーシ
ウクライナ
モルドバ
グルジア
ロシア
アルメニア
アゼルバイジャン
トルクメニスタン
カザフスタン
ウズベキスタン
キルギスタン
タジキスタン

□ 内が「独立国家共同体」加盟国 このうち　 ロシアとの統合強化、国家連合条約を結んでいる国
● 民族紛争地点　　　　　　　　　　　　　 ロシアとの集団安全保障条約に加わっていない国

Ⓑ

The New York Times

U.S. ATTACKED

HIJACKED JETS DESTROY TWIN TOWERS
AND HIT PENTAGON IN DAY OF TE

〈参考〉理解しがたいイラク戦争

　イラクとの戦争がテロ対策にな
るのか。テロはひどくなるであろ
う。最強の軍隊、最強の経済力を
持つ国が、食うや食わずのイラク
やアフガンを平和への脅威だとい
う。米国の方針通りにしているだ
けなら日本という国は別にいらな
い。　　　（養老孟司、2003年。要旨）

Ⓒ

自衛隊の海外派兵（2004年）

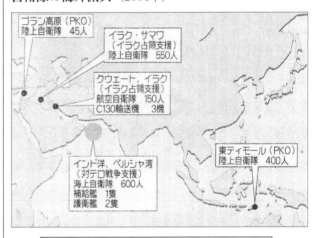

ゴラン高原（PKO）
陸上自衛隊　45人

イラク・サマワ
（イラク占領支援）
陸上自衛隊　550人

クウェート，イラク
（イラク占領支援）
航空自衛隊　150人
C130輸送機　3機

インド洋，ペルシャ湾
（対テロ戦争支援）
海上自衛隊　600人
補給艦　1隻
護衛艦　2隻

東ティモール（PKO）
陸上自衛隊　400人

※ 国連と無関係な活動はワクを赤くぬろう。

・インド洋などでは米軍艦中心に200億円以上の燃料を
　無料で給油。（アフガン戦争）
・航空自衛隊輸送機による人員輸送は次の通りである。
　（イラク戦争）

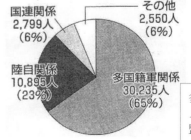

国連関係
2,799人
（6%）

その他
2,550人
（6%）

陸自関係
10,895人
（23%）

多国籍軍関係
30,235人
（65%）

多国籍軍とはアメリカとその同盟国の軍隊のことである。

◆以上の資料から何が分かるだろうか。

44 バブル景気から平成不況へ
──社会や政治はどう変わるか──

マンション価格・建築申請数の変化からバブル景気の背景や特色をつかむ。バブルがはじけると社会にどんな影響が及ぶかを考え、国政では単独政権から連立の時代に入ったことを理解する。

1 どんどん売り出す熱海の "億ション" ── 膨れあがるバブル景気

価格を隠してⒶを投影し、予想後に明示したい。教室の広さは74㎡程度。その約1.1～1.6倍の広さで最高値は約1億5千万円だ。「地方なのに高すぎる」そこで市内桃山町10－8の土地3.3㎡（畳2畳分）の地価をみると86年は38万6千円。だが89年には85万8千円と2,2倍強になっていた。だからマンションの値も高くなる。『グラフから何が分かるか』（Ⓑを提示）「86年からマンションの建築申請急に増えた」『地価が上がったのになぜこの年から建築申請が増えたか』（予想➡教科書参照）

「バブル景気だ」景気が異常によくなって高いモノでもどんどん売れたのだ。株式もさかんに買われ、86年には1万3千円台であった日経平均株価は89年には3万8957円にまで急騰した。

政府がアメリカなどとの約束で輸出を抑え、銀行の利子を下げてお金を借りやすくした。すると企業や個人がそのお金で国内の土地建物や株を競って買うようになった。そのため価格が実際の価値以上に高くなると、その儲けでさらに土地建物を買う。銀行もそこに参入して競争は過熱。見かけの好景気は泡（バブル）のように膨らんでいく。熱海のマンションブームもその一環であった。

商工業が発達し、賃金も上がって実体経済が好調となった高度成長期との違いを押さえたい。

2 バブルがはじけると働く人は? ── ハケン・リストラ・ワーキングプア

『94年9月になるとⒶのマンション価格はどうなるか』 上がる下がるで盛り上げた後にⒸを投影。7千万円台であった最多価格帯はわずか5か月間で急落したことが分かる。「なぜ1千万円も下がったの?」「バブルがはじけた」値下がりを警戒した誰かが土地建物を売ると多くの人がそれに続く。91年ごろからバブル景気がはじけて平成不況に入ると、その影響が熱海にも及んだのであった。

『続く95年に関西を襲った大災害は?』 阪神・淡路大震災だ。『Wパンチの中、正社員と非正規労働者の割合はどう変わる?』（Ⓓを提示）正社員・終身雇用中心の高度成長期とは違い、賃金の低い非正規労働者が年々増大していった。ハケン・リストラ・ワーキングプアという言葉の意味も尋ねたい。

『一方、2010年に国内総生産が日本を抜いて世界2位になったアジアの国は?』「中国」

3 自民単独政権から連立の時代へ ── 政治への信頼は高まったか

『不況が長びく時代に日本の政治はどう変わるか』（Ⓔを配布して作業➡発表・「連立」の意味を説明）1955年以来自民党は単独で安定した政権を維持してきたが、バブル崩壊の中で93年に政権を失ったことが分かる。翌94年には他党と連立を組んで政権に復帰したが、リーマンショックから起きた世界的不況の中で09年には民主党に政権を譲る。民主党が11年の東日本大震災を経て力を失うと12年からは自民が3度政権を取る。だが、またも連立であり単独政権をつくる力はなくなっていた。

『衆院選の投票率は上がるか下がるか』（予想➡Ⓕを提示）「15%近く下がった」『比べて分かることは?』 高齢者は高いが20～30代が低い。とくに20代は28.8%も下がっていた。『なぜだろうか』各自の考えを発表させたい。ちなみに18歳選挙導入の17年衆院選投票率は53.68%とさらに下がる。

政治への減滅を始め、この時代に生じた各種の問題は今なお解決していない。

Ⓐ
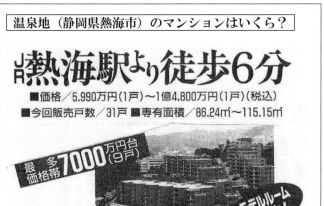

温泉地（静岡県熱海市）のマンションはいくら？

JR 熱海駅より徒歩6分

■価格／5,990万円(1戸)〜1億4,800万円(1戸)(税込)
■今回販売戸数／31戸　■専有面積／86.24㎡〜115.15㎡

最多価格帯 7000万円台 (9戸)

モデルルーム公開中！

（1994年4月の新聞広告）

Ⓑ
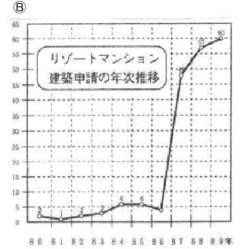

リゾートマンション
建築申請の年次推移

（『日刊アタミダイジェスト』1990年4月21日）

Ⓒ

JR 熱海駅より徒歩6分

専有面積 全戸100㎡超。最多価格帯 5,000万円台・6,000万円台

（1994年9月の新聞広告）

Ⓓ
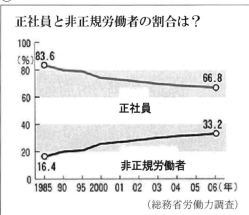

正社員と非正規労働者の割合は？

正社員　83.6　66.8
非正規労働者　16.4　33.2

1985 90 95 2000 01 02 03 04 05 06（年）

（総務省労働力調査）

Ⓔ

政権をつくる政党の変化を色分けしよう。

⑦自民単独－赤○（1955〜93年）
④非自民－黒○（93〜94・2009〜12年）
⑨自民連立－青○（94〜09・12年〜）

※重なる年には二重に○をつける。

1955	56	57	58	59
1960	61	62	63	64
1965	66	67	68	69
1970	71	72	73	74
1975	76	77	78	79
1980	81	82	83	84
1985	86	87	88	89
1990	91	92	93	94
1995	96	97	98	99
2000	01	02	03	04
2005	06	07	08	09
2010	11	12	13	14
2015	16	17	18	19

高度成長
バブル
平成不況…

※98/7/30〜99/1/14までの自民単独政権は省略

◆分かったことを記入しよう。

Ⓕ

衆院選の投票率を比べよう（総務省）

	1967年	2012年
（全体）	（73.99%）	（59.32%）
70〜	56.83%	63.30%
60代	77.08%	74.93%
50代	82.68%	68.02%
40代	82.07%	59.38%
30代	77.88%	50.10%
20代	66.69%	37.89%

45 グローバル化の中で
──平和と共生をどう実現するか──

> 3つの指標からグローバル化の進展をイメージし、その光と陰を核兵器と反核運動の広がりから考える。国際貢献はどうあるべきかを二つの事例を比べて考え、公民学習への意欲を高める。

1 国境を超えるヒトとモノ ── 世界の核兵器をなくすには？

　海外へ行きたい人を挙手で聞く。では、今は年間何人が外国に行くか。日本に来る外国人は何人か。海外在住日本人の数は？ 気軽に思いつきを言わせ、Ⓐを配布して作業学習へ。

　①は海外在住日本人・②は訪日外国人・③は出国日本人の数である。2018年を84年と比べると34年間の変化に驚く。日本の人口は1億2千万人余。その国に3千万人以上が来て2千万人近くが出かけ、さらに140万人が国を離れる。『こうして国の枠を超えて地球が一つになっていくことを何というか』「グローバル化」ヒトもモノもカネも世界を自由に往来する社会が見えてきた。

　『でも、悪いものも広がるね』「コロナ」『まだあるよ』（Ⓑを配布）アメリカだけが持っていた核兵器は94年にはここまで広がった。『今、世界の核兵器は1万4千発。どこかの国が使ったら？』「他の国も使う」だが、反核運動も広がった。『核を捨てた国はあるか』4か国ある。17年には国連で核兵器禁止条約が採択され、2020年には50ヶ国が国内で条約を認めて核兵器は国際的に違法となった。

　『日本の政府の考えは？』　世界でただ一つの被爆国であるが条約には参加しない。アメリカの核が無くなれば他国の核攻撃を防げないからだというが、批判も多い。生徒にも考えを発表させたい。

2 真の国際貢献の姿とは？ ── 比べて気づくことを発表しよう

　『では、平和と共生のために国際貢献する日本人はいるか』（中村哲医師の資料を提示）彼は長年アフガン難民を医療支援し、2000年からは用水路を引いて1万数千haの荒野を耕地に変える仕事をした。（アフガン名誉市民。19年に銃撃死した後も活動は継続。ペシャワール会のサイトを参照）

　『中村氏は国際貢献のために何をしろというのか』（線を引いてⒸを読了）「用水路をつくる」「農業を再建」「そして病気や餓死を防ぐ」『何をするなというのか』「戦争」「自衛隊を出すこと」

　『では、44年間で自衛隊の役割はどう変わるか。Ⓓの㋐㋑の文字や写真を比べよう』　㋑では「日本の防衛」の字が㋐より小さくなった。㋐では日本を守るため富士山上空を自衛隊機が飛ぶが、㋑では海外で国連ＰＫＯ活動する隊員・米軍のオスプレイが降りる護衛艦・海中の潜水艦を発見する自衛隊機が写り、災害派遣の姿はない。つまり、米軍に協力し、海外へ出ていく姿が強調されている。

　こうした自衛隊による国際貢献と中村氏の実行した国際貢献の姿を比べ、気づくことを発表させたい。彼は生前「日本が米軍に加担することになれば、私はここで命を失いかねません。9条に守られていたからこそ、私たちの活動も続けて来られた」と語っていた（西日本新聞 2014年6月16日）。

3 私たちはこう考える ── さらに公民学習で深めよう

　『では、私たちはどんな方法で世界の平和と共生を求めるべきか』　各自の意見をノートに記し、発表して学びあわせる。（教師は発言の整理に徹する）『ここで出された問題は次の公民学習の中でさらに深く考えていこう』結論づけず、次の文言を投影または掲示して精読させて授業を終わりたい。

　「政府の行為によってふたたび戦争の参加が起ることのないようにする…全世界の国民が、ひとしく恐怖と欠乏から免れ、平和のうちに生存する権利を有することを確認する」（日本国憲法前文）

Ⓐ 下の（　）から語句を選んで記入しよう

	1984 年（人）	2018 年（人）
①	478000	1390000
②	2110346	31191856
③	4658833	18954031

（海外在住日本人・出国日本人・訪日外国人）

Ⓑ 1994年の状況 ── 分かることは？

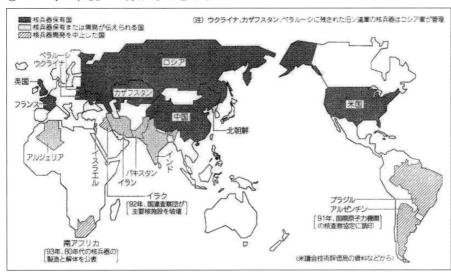

■■ 核兵器保有国
□ 核兵器保有または開発が伝えられる国
▨ 核兵器開発を中止した国

（注）ウクライナ,カザフスタン,ベラルーシに残された旧ソ連軍の核兵器はロシア軍が管理

ベラルーシ
ウクライナ
英国
フランス
ロシア
カザフスタン
中国
北朝鮮
米国
アルジェリア
イスラエル
パキスタン
イラン
インド
イラク
〔92年、国連査察団が主要核施設を破壊〕
ブラジル
アルゼンチン
〔91年、国際原子力機関の核査察協定に調印〕
南アフリカ
〔93年、80年代の核兵器の製造と解体を公表〕

（米議会技術評価局の資料などから）

〈参考〉2020年の核兵器数
①ロシア6500発
②アメリカ6185発
③フランス300発
④中国290発
⑤イギリス200発
⑥パキスタン160発
⑦インド140発
⑧イスラエル90発
⑨北朝鮮30発

〈核廃絶国・2020年〉
南アフリカ・ウクライナ・ベラルーシ・カザフスタン　※核開発が伝えられた国は北朝鮮以外全て中止

Ⓒ

本当に必要な支援とは？（要旨）

　自衛隊が国際ＮＧＯを救出できるよう駆けつけ警護するという。そんなことをすると、助かる命も助からない。米軍の2001年のアフガンへの軍事介入の際、日本は憲法の制約から自衛隊を出しませんでした。殺りくと残虐を平気で行った米軍主導の多国籍軍の仲間にだけは死んでもなりたくない。

　清潔な飲料水と十分な農業生産があれば、多くの病気、餓死は防げます。そこで「100の診療所より１本の用水路を!!」今はいくさどころではない。苦しむ民衆のために農業を再建する。これこそが、日本の本当の「国際貢献」です。

（アフガンに命を捧げた中村哲医師の話 2015年）

Ⓓ 防衛白書（防衛庁編・防衛省編）
　── ㋐1970年版と㋑2014年版の表紙を比べよう

㋐

㋑

＊ 歴史・替え歌暗記法をステージ発表
──発展学習──

熱海新聞 （2016年） 9月25日 第3種郵便物認可

暗記法、替え歌で

熱海の社会科発表

ステージ発表では、3年生が社会科発表として、替え歌による暗記方法を紹介。クラスごとに元号や中国王朝、人口の多い国などを童謡やCMソングの曲に合わせて元気よく歌った。振り付けなどを交えながら、会場を盛り上げた。

替え歌を使って社会科の暗記方法を紹介する生徒たち＝熱海中

全ての生徒が表現活動を通して楽しく知識を身につける。

1 共同の暗記活動にはどんな意味があるか

　笑顔で肩を組み、それぞれの人物になりきり、各時代名を頭上に掲げて放歌高唱する生徒たち。その姿は輝いている。あれ？　暗記って無味乾燥でつまらない、意味のないモノじゃなかったの？

　ドリルや穴埋めの繰り返しではないこの独創的な実践からは、4つの点を学ぶことができる。

①覚えることは苦痛ではない、楽しくできる。この生徒たちの笑顔をみればそれは明らかだ。

②その暗記は、孤独な苦役のレベルを脱してみんなの表現活動にまで高めることができる。共同して一つのものをつくりあげる喜びが、彼らの姿からはあふれている。

③その全員参加の活動に落ちこぼれはない。直面する受験学習や学力向上にも大いに役立つ。

④ここで暗記して得た知識は貴重な知的財産の継承である。将来、主権者として社会について考え働きかける際の手がかりともなる。

2 孤独な苦役から生徒を解き放つ

　この実践は、私が属する社会科サークル"ゆい"でつくってきた楽しい替え歌暗記法を、原山隆章氏が新しい次元で花開かせたものでもある。

　上の記事で生徒たちが高唱しているのは、向井一雄氏が生徒と共に作成した「日本の歴史」（歴史は続くよ　どこまでも）の替え歌である。本書上巻（31ページ）で紹介した「中国の王朝」の歌（もしもしカメよ/加藤作成）も発展的に活用された。

　原山氏は、それらの暗唱を個の次元から共同の次元に移し替え、さらに「徳川将軍15代」や「人口の多い国」などにも広げて、4クラス全員の共有財産としたのである。

　「うちの子は家でも歌ってますよ」とはある保護者の言である。全ての生徒に仲間と共に楽しく基礎的知識を身につけさせる表現活動の試みから多くのことを学びたい。（実践・原山隆章）

| 3組生徒 | 「みなさん、歴史の勉強は好きですか？私は覚えるのが苦手で苦労していました。」 |

3組生徒 「みなさん、歴史の勉強は好きですか？私は覚えるのが苦手で苦労していました。」

3組生徒 「特に、時代の順番を覚えるのは大変ですよね。戦国時代とか、飛鳥時代とか…」

3組生徒 「その順番を覚えるのが難しいですよね」

3組生徒 「ではここで、1、2年生のみなさんに聞いてみたいと思います」

3組生徒 「縄文時代の次の時代は何時代か、知っている人は手を挙げて下さい」

◆手を挙げた1、2年生に答えてもらう。　　　　「弥生時代です。」

3組生徒 「正解です。これは、分かった人も多いんじゃないでしょうか」

3組生徒 「では、もっと難しくします。1、2年生の中で、縄文時代から平成までの時代の順番をすべて言える人は手を挙げて下さい」　≪ちょっと間をおいて≫

3組生徒 「あれ、少ないですね。じゃあ、3年生に聞いてみましょう。時代の順番を言える人は手を挙げて下さい」

「ハーイ！」（みんな手を挙げてね）

ひとりを指名する。「先土器（旧石器）→縄文→弥生→古墳…」（全部答えてね）

3組生徒 「大正解です。」「みなさん、3年生はどうやって覚えたと思いますか？」

3組生徒 「その秘密を2組さんに紹介してもらいます。それでは2組さん、お願いします」

◆ O君 「3年2組です。僕たちは時代の順序をこの歌で覚えました。まず原曲を聴いて下さい」
2組の生徒で「♪線路は続くよどこまでも（原曲）♪」を歌う。

O君 「それを、こんな風に替え歌にしました」

「♪時代は続くよ　どこまでも♪」を歌う（2コーラス）　コーラスとコーラスの間は「ランラララララーン♪」でつなぐ

◆歌い終わったら、2組はステージから降りて移動する。同時に4組が上がる。その間に…

1組生徒 「2組のみなさん、ありがとうございました。なるほど、たしかに歌に乗せれば覚えられそうですね」

1組生徒 「では、次の問題です。みなさん、歴史の授業で「遣隋使」を習ったのを覚えていますか？　あの遣隋使の『隋』とは、どこの国か知っていますか？　隣の人に伝えて下さい。」
ちょっと間をおいて…「そう、中国ですね。」

1組生徒 「中国は、長い歴史の中で、どんどん名前が変わってきているんです。例えば、今は中華人民共和国って言うけど、その前は中華民国っていう名前だったんですよね」

1組生徒 「いちいち覚えなきゃいけないのは大変ですね。」

1組生徒 「ここで次の問題です。『隋』という名前の次は、何という名前になったでしょうか？隣の人に伝えてみて下さい」（ちょっと間をおいて）

「正解は、唐です。みなさん、答えられましたか？」

1組生徒 「今度は、そんな中国の王朝の順番を簡単に覚える方法を4組さんに紹介してもらおうと思います。それでは4組さん、お願いします。」

（以下略）

4　暗記法の発展 —— 日中の時代を対比して核になる事項をつなぐ

　　下の④は１年時の歴史学習初期に使うシートである。帰りの会や社会科授業の冒頭にオルガンの伴奏で歌うと多くの生徒が自然に覚えてしまう。

　　予告して定期テストに出題すると必死で覚えてくる。私の場合、50点満点のうち全て漢字で書けたら中国４点・日本４点を与える。ひらがなが混じったら各３点、10問以上出来たら各２点、５〜９問正解は各１点とする。

　　学級通信で伝えてもらったり、家庭配布用のテスト範囲表に掲載すると親子で取り組む家も出る。暗記して点が取れたという喜びを早いうちに体験させたい。

　　これに対し、歴史学習の最後に使用するのが⑧のシートである。（B4か A3に拡大）中国と日本の時代が対応して、約60の歴史用語が配列してある。（原山隆章作成）

　　隋−遣隋使−聖徳太子・唐−遣唐使−菅原道真が廃止・宋−日宋貿易−平清盛などのように日中の関連事項を同色で結ばせると、歴史を広く関連的に「横線」でとらえる力が育つ。また、「縦線」の時代の流れも一目瞭然である。教師や生徒・保護者などの誕生年も歴史の中に記させたい。

　　暗記は楽しい。点数が取れれば嬉しい。生徒たちにそう実感させると同時に、暗記を暗記だけにとどめず深い学びにつなげる手だてを教師の側もさまざまにくふうしたい。

④

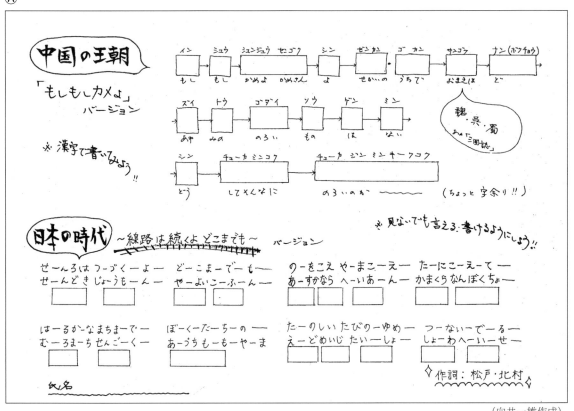

（向井一雄作成）

⑧ **中国王朝の覚え方♪**

いん、 殷、 しゅう、 周、 しん、 秦、 かん、 漢、 さんごく、 三国、 しん、 晋、
（♪もしもしかめよ、かめさんよ）

紀元前1500年頃 殷	紀元前1000年頃 周	紀元前500年頃 秦	紀元前200年頃 漢	紀元「後」220年 三国	280年 晋
黄河文明	孔子(儒教)	秦の始皇帝（万里の長城）	シルクロード	魏・呉・蜀（三国志）	
甲骨文字					

日本では…縄文時代　弥生時代　古墳時代
邪馬台国・卑弥呼

なんぼくちょう、 南北朝、 ずい、 隋、 とう、 唐、 ごだい、 五代、
（♪せかいじゅうにおまえほど）

492年 南北朝	589年 隋	618年 唐	907年 五代
	遣隋使	遣唐使	

古墳時代　飛鳥時代　奈良時代平城京　平安時代平安京
聖徳太子・遣隋使　大化の改新　奈良の大仏・聖武天皇　遣唐使・遣唐使停止→国風文化　菅原道真・かな文字　藤原道長・摂関政治　紫式部＆清少納言

そう、 宋、 げん、 元、 みん、 明、 しん、 清、 ちゅうかみんこく、 中華民国、
（♪あゆみののろいやつはない）

1000年頃 宋	1200年頃 フビライハン・元寇 1368年 元	朝鮮出兵 明	1650年頃 清	1912年・孫文 中華民国

平安時代：院政　武士の登場
鎌倉時代：平清盛・日宋貿易　源頼朝・鎌倉幕府　徳政令
南北朝時代：後醍醐天皇・建武の新政　足利氏・室町幕府
室町時代：応仁の乱
戦国　安土桃山：信長・秀吉・家康
江戸時代：江戸幕府　鎖国　享保・田沼・寛政・天保　ペリー・開国　雄藩・尊王攘夷運動　西郷・大久保・木戸　板垣・自由民権運動
明治時代：アヘン戦争　日清戦争　日露戦争　満州事変　日中戦争
大正時代：大正デモクラシー　世界恐慌　普通選挙法　治安維持法　普通選挙運動
昭和時代：ファシズム　国家総動員法　大政翼賛会　第二次世界大戦　太平洋戦争

ちゅうかじんみんきょうわこく　中華人民共和国
（♪どうしてそんなにのろいのか）

1949年 中華人民共和国			

日中平和友好条約(1978)　一人っ子政策　東京オリンピック　オイルショック　バブル景気　香港返還　北京オリンピック　爆買い
終戦　サンフランシスコ平和条約　日中平和友好条約　高度経済成長　アベノミクス　東日本大震災
日本国憲法　日米安全保障条約　平成時代

＊ やってみよう 生徒授業！
──安永修氏の実践から──

　兵庫教育大学附属中において安永修氏が実践した生徒授業を紹介する。私が『教師授業から生徒授業へ』（地歴社）を世に問うてから23年。それを発展させた近代史学習での新たな挑戦である。

　実践者による報告と生徒が作成した「授業案」をもとにその概要を読みとってみたい。

1　「生徒授業っていいですね」 ── 安永修氏から加藤へ

　　昨日、「第二次世界大戦と太平洋戦争の終わり」の単元で「平和へのあゆみと戦争の傷あと」について生徒授業を行いました。私が想像していた以上に、よく出来た授業でした。正直、授業に慣れていない教育実習生よりも堂々としているし、字は綺麗ですし、流れも良かったです。予習の段階で教師並みの板書計画を作っていたので、いけると思っていましたが、想像していた以上の出来でした。

　　これに取り組み始めて、「発表」と「授業」とはどのように違うのだろうかと思案していたのですが、やってみて思ったことは、「発表」は単に、そして一方的に発表するだけ、「授業」となると、学習の流れも考え、説明、発問、班活動の指示、板書など、双方向のやり取りが生まれてきます。

　　特に、生徒に「深い学び・考え」をさせるためには、「発問」が重要で、その質が問われることが分かりました。

　　昨日の授業では、普通の説明・板書に加え、「日本は敗北が続いていたが降伏しなかったのはなぜか」「なぜ、日本はポツダム宣言をすぐに受け入れなかったのか」「なぜ、アメリカは降伏寸前の日本に対して、わざわざ原爆を落としたのか」の３問を効果的に発問しました。生徒たちはいつも以上に頑張って考え、発表してくれていました。

　　この授業までには、私と２回打合せをしました。生徒のやりたいようにさせようと思っていましたが、発問だけは少しアドバイスを加えました。授業をした生徒にとっても勉強になったと思いますが、私自身、生徒と授業研究が出来て楽しかったですし、勉強にもなりました。

　　他の生徒からもやりたいという声が出始めています。いつもいつもという訳にはいきませんが、授業の間隔を取りながら、継続して行っていきたいと考えています。やってみて良かったです。

　　授業をした生徒はもちろんですが、授業を受けた生徒にとっても刺激を受け、学ぶ姿勢がより高まったと思います。「生徒授業」っていいですね。　（兵庫教育大学附属中学校　安永修）

2　「立候補制が生み出す学びの深さ」 ── 加藤から安永修氏へ

　　うれしい報告をありがとうございます。「指導案」からは授業生徒の表情や体温、問いかけの口調までが伝わってくるようでした。

　　「一方的に発表」を「双方向のやり取り」に変えて主体的・対話的で「深い学び」を養う、そのためには授業生徒の「発問が重要で、その質が問われる」とのご指摘…全くその通りだ

と思います。

　　かつての私の課題は「深まりが足りない」ということでした。それはある意味当然であり、生徒授業に教師授業と同じ目標を求めるべきではないのですが、今田ひなのさんの授業には私の実践以上の「深まり」を感じました。それは、自ら立候補して自校では最初の生徒授業を行う積極性から来たのではないでしょうか。

　　その姿を見て、やはり「自分もやりたい」という生徒が現れたところに、一人からみんなに広げる安永実践の特色を感じます。そこから多彩な生徒授業がどう展開されるかが楽しみです。

　　私は小6児童の1日体験入学に生徒授業をぶつけたことがあります。また、小6歴史への中学生出張授業や小6中1合同生徒授業をしてもらったこともあります。離島で極小規模校の熱海市立初島小中学校の教師は、参観授業の保護者を生徒に見立て、20分のミニ生徒授業をやりました。

　　今後も安永さんが生徒授業の新しい歩みを進めていくことを楽しみにしています。（加藤好一）

3　立候補した今田ひなのさんはどう生徒授業を組み立てたか

①年表と地図・教科書を立体的に活用

　資料集（第二次世界大戦の終わり、194ページ）と教科書（平和へのあゆみと戦争の傷あと、236ページ）の2か所を比べて参照させていた。つまり、ただ「教科書（資料集）を」ずらっと見せるのではなく、学習に必要なポイントを選んで「教科書（資料集）で」要所を押さえるのである。教科書に使われず、自分の構想に沿って教科書を使う姿勢がそこに伺える。

②日本とヨーロッパの動きを融合して授業

　ヨーロッパでのドイツ降伏前後の動きをソ連の動きと絡めてつかみ、連合国と日本の動きと対応させて授業プランをつくる…と口で言うのは簡単だが具体化は難しい。ここでは、事象を再構成する力が十二分に発揮されている。その上に、次のような授業の工夫が行われた。

③「簡単」発問と「◎」発問と「Q」、「大問」を使い分け

　問いの種類や深さ・重点を変えて使い分け、授業が平板に流れることを防いでいる。ちなみに「大問」は授業終盤でただ一度、「**なぜアメリカは2つの都市に、この日にわざわざ原子爆弾を落としたのか**」と発せられる（下線は加藤による。ここに深い意味がある）。その大問に対応して **Q「なぜ、ポツダム宣言を受諾しなかったのか」**との小問があり、米日双方から戦争の終わり方が問題にされる。

　次は、その1時間の授業の流れを⒜⒝⒞の3つの柱に沿ってたどってみよう。

Ⓐ ヨーロッパでの戦争はどのように終戦したのか

📖P194 Ⓐ　年表と地図
◎ヨーロッパでの戦争はどのように終戦したのか。

1942　　　　連合国が反撃を開始
1943　2月　ソ連がドイツ軍を破る
　　　9月　連合国軍がイタリアを降伏（無条件）　　　　　　（　）は言うだけです。
1944　8月　フランス解放〈連合軍がドイツに占領されていたフランスのパリ〉
1945　4月　ヒトラー自殺（ベルリン）〈ソ連軍に包囲されていた〉
　　　5月　ドイツが降伏（無条件）➡ヨーロッパの戦争終わり
　だが…　日本は敗北が続いていたが降伏はしなかった。
　　　　　　　　↳簡単な疑問！
　なぜ？　A　多額のお金や人が犠牲となり、国民には勝利していると
　　　　　　　　うその情報を伝えていたから。
　　ヒント➡戦争には多くの何が使われていた？　　📖P196 Ⓓ

　　ここでは㋐ヨーロッパでの「終戦」の動きに対応して、㋑ドイツが降伏したのになぜ日本が降伏し
なかったのかを考える。つまり、ここでは㋐を「主」するのに対して㋑を「従」的に位置づける。
　　こうして軽重をつけると授業に起伏ができるではないか。なお、㋐の授業者主導の場面では、年表
や地図の活用で生徒を飽きさせない配慮がされている。生徒は自分がつまらない授業は構想しない。

Ⓑ 連合国側はヨーロッパとの戦争後、どのような行動をしたのか

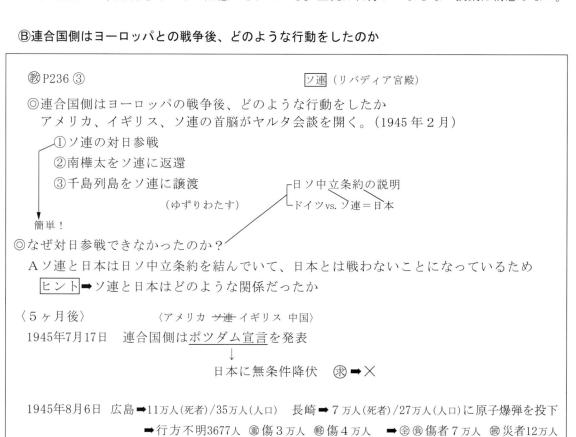

📖P236 ③　　　　　　　　　　　　　ソ連（リバディア宮殿）
◎連合国側はヨーロッパの戦争後、どのような行動をしたか
　アメリカ、イギリス、ソ連の首脳がヤルタ会談を開く。（1945年2月）
　①ソ連の対日参戦
　②南樺太をソ連に返還
　③千島列島をソ連に譲渡　　　　　┌日ソ中立条約の説明
　　　　　　　（ゆずりわたす）　　　└ドイツ vs. ソ連＝日本
簡単！
◎なぜ対日参戦できなかったのか？
　Aソ連と日本は日ソ中立条約を結んでいて、日本とは戦わないことになっているため
　　ヒント➡ソ連と日本はどのような関係だったか

〈5ヶ月後〉　　　　〈アメリカ ~~ソ連~~ イギリス 中国〉
1945年7月17日　連合国側はポツダム宣言を発表
　　　　　　　　　　　↓
　　　　　　　日本に無条件降伏　　㋭➡×

1945年8月6日　広島➡11万人（死者）/35万人（人口）　長崎➡7万人（死者）/27万人（人口）に原子爆弾を投下
　　　　　➡行方不明3677人　㊤傷3万人　㊦傷4万人　➡㊤㊦傷者7万人　㊨災者12万人
　　　　　➡多くは女性や子ども〈男性は戦場〉

ここでは㋒ヤルタ会談についてまず学習。次に、㋖参戦を約束したのにソ連は「なぜ対日参戦できなかったのか」との疑問への答えとして㋐この年までの日ソ関係をふりかえる。それに続いて今田さんは、㋕ヤルタ会談の５ヶ月後に何が起きたかと問うのである。

　つまり時系列で言えば、㋐日ソ中立条約。　だから　➡㋖約束してもソ連はまだ参戦しない。　そこで　➡㋕ポツダム宣言発表となるのだが、それではただ坦々と事実が述べられるだけで面白くない。

　それに対して今田さんは、㋖ソ連は参戦せず。　なぜ？　➡㋐中立条約があるから➡　そうか　、では連合国のしたことは？➡㋕ポツダム宣言の発表…と授業を進める。

　平板な説明に終わらず、小思考の場ができて授業に起伏が生まれたことが分かるであろう。これが、「上（教師）からの講義」を「生徒の学びを生む授業」に転換するということではないだろうか。

　ここから今田さんの生徒授業は、いよいよクライマックスに入っていく。

©本時のクライマックス ──「大問」でアメリカ側の事情を考察し、対比的にＱで日本の動きに還る

```
　大問
◎なぜアメリカは二つの都市に、この日にわざわざ原子爆弾を落としたのか
　　Ａ①　２月にヤルタ会談を開き、半年でそろそろソ連が動き出す
　　　　　　　　　　　　　↓　　　　　　　　　　　　　　　　アメリカ、イギリス
　　ソ連がもし、日本を倒すと、アメリカの影響力が低く──→　フランス
　　　なってしまう　　　　　　　　　　　　　　　　　　　　　　↓
　　　　　　　　　　　　　　　　　　　　　　　　　　　　　アメリカ、イギリス
　　　　　　　　　　　　　　　　　　　　　　　　　　　　　フランス、ソ連
◎地上戦にしてしまうと、アメリカ軍に死者や負傷者
　　が出るので、人の手ではないもので
　　　　　　　　　　　　　　◢〈事前に島でリハーサルしている〉

　Ｑなぜ、ポツダム宣言を受諾しなかったのか
　　Ａ天皇の存続の問題
　　　ヒント　誰が当時の日本の１番の権力者だったのか
```

　ここで今田さんは「そろそろソ連が動き出す」「ソ連がもし、日本を倒すと」とアメリカ側からみたソ連の動きを答えの一つとして想定した上で、「なぜアメリカは二つの都市に、この日にわざわざ原子爆弾を落としたのか」との大問を発する。

　この大問への答えを考えることが戦後の米ソ冷戦理解の布石ともなることに私は着目した。

　先を見通したこうした大問を授業のクライマックスに置くことは教師といえどもなかなかできるものではない。そこに挑む今田さんの「生徒授業案」づくりの過程は、自ら進んで知的困難をのり越えようとする高次の学びの過程でもあると私には思える。

　またＱは当時の天皇制・国体護持へのこだわりに気づくことにつながる。これがあってこそ絶対主義的天皇制の問題点と戦後の象徴天皇制の理解がいっそう深くなるであろう。

　こうした今田さんの取り組みが他の生徒に刺激を与えないはずがない。その後、安永氏による生徒授業の実践はどう進んでいくのか。加藤とのメールの交換を通してたどってみたい。

4　その後の生徒授業の展開は？ ── 安永氏と加藤の往復メールから

①安永修氏より加藤へ ── 2020年10月20日

本日、第2弾として、公民の「政治と民主主義」で「生徒による授業」を行います。また明日は「国会」で、その後にも、「国会」が1人、「行政（内閣）」で2人と、続々と出てきております。「国の政治の仕組み」では、事実関係が多いため、やりにくいかなと思ったりしていたのですが。むしろ、11月から入る「人権」のところの方がやりやすいかなと思っています。更なるレベルアップを期待しているところです。

②加藤より安永修氏へ ── 2020年10月20日

生徒授業の立候補はすごいですね。①大変だがやりがいのあることに自ら挑戦する。②その挑戦が他の生徒からの触発によって行われるという2点が優れていると思いました。今田さんの授業と同じ尺度ではなく、彼らの授業づくりにそれぞれ違ったかたちで内在する「個性的な宝」をどう見出していくか。楽しみでもあり、緊張も感じます。

③安永修氏より加藤へ ── 2020年10月21日

今日もですし、今後も「生徒による授業」を行っていきます…現在は、新聞の社説の読み比べやメディアリテラシー、その題材としての「政治」「国会」などの授業をやりながら、「生徒による授業」も入れているところです。

④安永修氏より加藤へ ── 2020年11月7日

「生徒による授業」…今のところ6人がしました。希望者は多数います。

⑤加藤より安永修氏へ ── 2020年11月8日

生徒授業を教師が全員一律に行わせるのではなく、有志を募り生徒授業の価値や喜び（自分自身が困難を乗り越えて到達する喜び）を実感させる中で「授業」を行う側にも受ける側にも、教師授業にはない深い学びが育まれていく。

私はその何重もの意味での生徒の主体性の高まりに、旧来の教室授業からの「離陸」を感じました。

こうして生徒たちが旧来の教室授業から「離陸」した「授業」をつくろうとすると、公民分野などでは生徒自身が社会（を担う人々）から取材し学びに組み入れる可能性がさらに高まってくると思います。

「生徒の社会科の授業に臨む姿勢が以前とは比べ物になりません」とのこと…こうした生徒の学びの姿を知って多くの先生方がさらに「学びとは何か」について考えていくようになったのも嬉しいことです。これこそが真の意味での研修ですよね。

こうした生徒授業の突破口を開いた今田さんは「普段体験できないことなので、良い刺激を受けました。」と語っている。生徒も成長し、教師も成長する生徒授業に、あなたもぜひ取り組んでみてはどうだろうか。

　加藤による実践と検討は拙著『教師授業から生徒授業へ』（地歴社）を参照してほしい。

「生徒授業」を詠んだ山本君の句とイラスト

（『教師授業から生徒授業へ』より）

おわりに
── 私は近現代史学習をどう「重視」するか ──

　上巻の刊行以来4年が過ぎた。長い中断に「加藤はどうしたのか」と思う方もいたかもしれない。だが、その貴重な充電期間を経て『探究を生む歴史の授業』下巻を今ここに発刊することとなった。

　「近現代史学習の重視」。それは何をめざして日々の授業をどう構成することなのか。「会津落城」から始まり「防衛白書表紙の対比」に至る45の試案の中に、現時点での私の答えがある。

　本書で重視したことを、以下、4点にわたって述べてみよう。

1　平成史・21世紀史の重視

　ベルリンの壁崩壊・イラク戦争からバブル景気・ハケンまで、教科書には同時代の事項が目白押しだ。あまりに現在に近すぎてまだ評価が定まらず、授業化しにくいとの声も聞く。

　多くの事例を順次解説しただけでは興味がわかず生徒は下を向く。かといって、資料もないまま問いかけても答えは乏しい。では、内外の教材をどう配列すれば平成史・21世紀史の授業ができるのか。例えば私は次のように、『探究を生む歴史の授業』の導入を工夫した。

　⑦『ほら、ここにコンクリートの破片がある。ドイツのある都市で土産物として売っているよ』「え〜？　何でそんなものが売れるの？」（関心）➡ああだこうだ（対話）➡続いてケースに記された英単語と「1961−1989」という年代に着目。すると、その読み解きからベルリンの壁崩壊からソ連・東欧国家群破綻への流れが見えてくる（項目43）。

　①『これは君たちの住む熱海市のマンションの1994年4月の広告だ』「すごい。7千万円もする」『では、5か月後の同じ物件の広告は？』「わあ〜、1千万円も下がった」「え〜？　何で〜？」

　生徒はお金の話には飛びつく。価格下落の原因をわいわいがやがや話しあう中で、バブル経済とその崩壊の学習に引きこまれていく（項目44）。いずれも驚きを対話・探究につなぐ流れであった。

　モノや新聞広告もこうして教材化すれば、羅列や注入に陥らず『探究を生む』平成史・21世紀史の授業を生徒主体で展開できる。項目43〜45にはそのヒントをたくさん収めたつもりである。

2　新資料教材化の重視

　一方、戦前の雑誌記事（復刻版）を読んで探究につながる「宝」を掘り当てたこともある。

　『「戦線より再び投手板に還りて」…？？　おお、これは巨人軍永久欠番・澤村栄治の戦争体験記ではないか。澤村賞を知る生徒は多い。これを教材化すれば野球部員はきっと身を乗り出す』（項目27）こうして新資料を発掘し、教材化する喜びは格別である。

　またある時はベラルーシの女性作家の498ページに及ぶ大著・『戦争は女の顔をしていない』（岩波現代文庫）を読む。『ソ連軍女性兵士は独ソ戦に参加してこんな過酷な体験をしたのか。これを生かせば遠い昔の世界大戦が身近になり、歴史嫌いの女生徒もゆさぶられる。よし、最適の3編を選ぼう』

　絞りこみには苦労したが、生徒の食いつきをイメージしながらの作業は楽しかった（項目29）。

他にも、宝塚少女歌劇の公演写真、スペイン風邪予防のポスター、関東大震災の児童マンガなど、この10年来集めてきた多くの新資料を満載した。

私は、それらをどんな視点からどう教材化して探究につなげようとしたのかを読みとってほしい。

3 「線」の学習の重視

しかし、いくら楽しくても授業はただ「点」をつみ重ねるだけではいけない。

国権か民権かの論議を経て帝国憲法を学びあう時点で、私は「日本が関わった対外戦争」全てを現代まで約130年間の「線」上に記入させた。つまり、明治から今日までの「大観」である。作業を進めると、対外戦争は帝国憲法の時代に集中していて、戦後との鮮やかな対比が生徒に迫る。

なぜそんな違いが？ 戦争の結果は？…深い課題が生徒の側から生まれる。その課題意識の上に個々の戦争を順次学ぶと、「点」が「線」としてつながって深い学びが生まれる。

私はさらに、いくつかの「対立スポット」や「予言スポット」をその中に設定することとした。

㋠日露戦争では非戦論と主戦論のどちらかを各自で選択。非戦の論理と自衛戦争の論理を真っ向からぶつけあう。これが「対立スポット」である。「本当にロシアは南下するか」「日露戦争後の朝鮮はどうなるか」などの共通課題が意見の違いを越えて形成されると、そこから次の学習が深化する。

㋡日露戦争「勝利」・韓国併合を受け、明治の終わりには夏目漱石の「牛と競争する蛙…もう君、腹が裂けるよ」「（日本は）滅びるね」との「予言」を紹介して意見を求める。生徒からは「そんなことはない」「そうなる」などそれぞれの声があがる。これが「予言スポット」である。

だが、そこで結論は出さず次は太平洋戦争が終わった際に、もう一度漱石のことばを反芻させる。すると、主戦論も非戦論もあるいは深まりあるいは変容し、1時間の授業だけでは達成できない深い学びが達成できる。

これらはみな、対立・予言を入れた「線」の学習ではないだろうか。本書の近現代史学習のこうした大観法はどれだけ深い学びにつながるのか。みなさんの検討を期待したい。

4 南の視点の重視

また、近現代史学習でも南の視点は欠かせない。

例えば**宮古島から学びあう「日露戦争」**では、太平洋を戦場とした日露戦争への島民の協力と、それを生み出した島での同化教育の様相を学ぶ。さらに**人頭税廃止をどう実現？**では、帝国憲法下の島民がヤマトの政党と結んでその権利をどう拡張したかを理解する。

明治の宮古島民たちの、一方での戦争協力と他方でのねばり強い権利拡張の努力。近代日本に内在した2つの要素は、南の小さな島だからこそはっきり見えてくるではないか。

他方、**復帰の成果と課題とは？**・***聖火が照らす二つの「日本」**では、米軍支配からの脱却運動やヤマトの高度経済成長を沖縄の側からとらえる。占領下の沖縄の実情は当時のヤマト社会の変化と対比してこそ理解できるし、その逆も言える。地域からどう全国史をとらえれば生徒の視野が広がるか。それは、他地域でも必要な今日的な課題であろう。

さて、以上の4つは、近現代史の流れの中に適時投げ込む“ちょこっと沖縄史”の一例である。これらの“ちょこっと沖縄史”に対し、全国史の中に沖縄学習をはさみこむのが“サンドイッチ沖縄史”である。特別に時数を使わず、しかも地域史と全国史を融合できるのがその利点である。3つの例を挙げてみたい。

⑦廃藩置県（全国史）➡その後につくられた藩とは？・なぜ？・その後の琉球藩は？（沖縄史）➡帝国日本の東西南北の国境はどう画定？（全国史に戻って学びを拡充）（項目5）

　⑦東京大空襲（無差別爆撃）⇔**沖縄戦（住民犠牲の地上戦）**⇔原爆投下（一瞬の大量殺人）　── 対比の中で第2次世界大戦での民衆被害が多面的に明らかになる。（項目32）

　⑦60年安保闘争（国内の運動）⇔**祖国復帰運動（60年～72年・沖縄の運動）**⇔日中国交回復（72年・対外史）　── 祖国復帰協議会がつくられて沖縄の運動が高揚する1960年はヤマトでも安保闘争が高揚して相互連携が生まれた。さらに、1972年に沖縄県が復活して日本国の枠組みが変化すると、同時に日中の国交回復で日本の対外関係の枠組みも変化したことが分かる。（項目38）

　つまり、⑦では、始め➡なか➡終わりという時間の流れの中に沖縄学習をはさんである。⑦では、3つの事象の対比のなかに沖縄戦が位置づけてある。それに対して⑦では、沖縄返還運動の学習が鎖のように国内と国交二つの事象をつなぐのだ。"サンドイッチ"のかたちは多様であった。

　こうして南の視点を入れることで、私たちの近現代史学習は今までと何が違ってくるのだろうか。

　"ちょこ・サン沖縄史学習"のさまざまな方法は、他地域にもぜひ応用したい。

到達点は出発点

　さて、下巻の執筆を終わった今、ホッとしているのは事実である。だが、それ以上に痛感するのは自分の教材研究の不足である。

　ある日、米沢藩主・上杉治憲（鷹山）の事績を調べていると彼が子孫に伝えた「伝国の詞」（天明5年）が目に入った。時期は寛政の改革の2年前。「詞」を意訳すれば次のようになろうか。

　一、国家は先祖より子孫に伝える国家であり、藩主が勝手にしていい国家ではない。

　一、人民は国家に属する人民であって、藩主が勝手にしていい人民ではない。

　一、国家人民のために藩主がいるのであり、藩主のために国家人民があるのではない。

　大飢饉の渦中にあった天明5年は西暦1785年。年表を見れば、その9年前にアメリカ独立宣言が発せられ、4年後にフランス人権宣言が発表されたことが分かる。つまり、これら3つの文書はほぼ同時期に発信されている。

　治憲は、人民は藩主ではなく国家に属し、その人民のために藩主はあるとした。彼のその思想を独立宣言や人権宣言と比べさせたら生徒は何と言うだろうか。そこから比較史につながる深い学びが紡ぎ出されるかもしれない。私には日本史と欧米史を対比させる視点がまだ不十分であった。

　また、年表で昭和1～30年までの事項を平成の30年と比べさせると、年数は同じでも数や内容に大きな違いがあることが分かる。ならば、これもまた歴史を対比・大観させる一つの方法であろう。

　歴史学習の可能性は無限である。しかも私はその方法を未だ十分に開発していないのであった。ささやかな到達点は未来への出発点にすぎない。『探究を生む歴史の授業』をめざす私自身の「探究」は、多くの同人たちとの学びあいに支えられながら、本書を越えてこれからも続いていく。

　最後に、貴重な実践を私に提供し研究の機会を与えてくださった、黒柳昌宏・河内勝美・原山隆章・向井一雄・安永修の諸氏に深い感謝をささげておわりのことばとしたい。

加藤　好一（かとう　よしかず）

1949年　静岡県生まれ
1971年　中央大学法学部卒業
　　　　私立明星学園高校講師
　　　　千葉県・静岡県の公立小・中学校教諭を経て
2014年3月まで琉球大学教育学部教授
住　所　伊東市鎌田643-1（〒414-0054）

著　書　『教師生活12か月』『授業づくりの基礎・基本』（共著・あゆみ出版）
　　　　『生きいき分会づくり』（あゆみ出版）
　　　　『もう悩まない！学級経営攻略法』（共著・民衆社）
　　　　『トライアングル　−生徒・保護者・教師をむすぶ支援と指導−』（琉球大学教育学部）
　　　　『若い教師の実践ハンドブック』（琉球大学教育学部）
　　　　『どこに授業のヒントがあるか　−小学校社会科・生活科−』（編著・社会科サークルゆい）
　　　　『43年　次へのバトン　−琉球大学における最終講義・講演集−』（私家版）
　　　　『自己肯定感を育てる道徳の授業』（編著・地歴社）

　　　　『再発見・丹那トンネル』（伊豆新聞社）、『驚き・発見　熱海の歴史』（私家版）
　　　　『再発見　熱海市民の近代史』（私家版）
　　　　『ほっと　ふるさと〜伊東・熱海の歴史と旧跡の再発見』（あいら伊豆農協）
　　　　『図説　伊東の歴史』（共著・伊東市）
　　　　『伊東市史　近現代史　史料編』Ⅰ・Ⅱ（共編・伊東市）
　　　　『伊東市史　通史編』Ⅲ（共著・伊東市）

　　　　『ワークシート・学びあう中学地理』『〃歴史』『〃公民』（あゆみ出版）
　　　　『教師授業から生徒授業へ』（地歴社）
　　　　『東伊豆発・新しい社会科　生活科』（編著・静岡県教育文化研究所）
　　　　『世界地理授業プリント』『日本地理授業プリント』（地歴社）
　　　　『わかってたのしい中学社会科　歴史の授業』（共著・大月書店）
　　　　『最新中学歴史の授業』（民衆社）
　　　　『公民授業プリント』（地歴社）
　　　　『歴史授業プリント』上下（地歴社）
　　　　『中学歴史5分間ミニテスト』『中学地理〃』『中学公民〃』（民衆社）
　　　　『学校史でまなぶ日本近現代史』（共著・地歴社）
　　　　『学びあう社会科授業』上中下（地歴社）
　　　　『新・世界地理授業プリント』『新・公民授業プリント』（地歴社）
　　　　『やってみました　地図活用授業 ── 小学校から高校まで』（地歴社）
　　　　『中学歴史の授業』『中学公民の授業』『中学地理の授業』（民衆社）
　　　　『新・日本地理授業プリント』（地歴社）
　　　　『社会科の授業　小学6年』（民衆社）
　　　　『社会科の授業　小学5年』（民衆社）
　　　　『社会科の授業　小学3年』（民衆社）
　　　　『探究を生む歴史の授業（上）』（地歴社）
　　　　『昔と今はこんなに違う　社会科の教科書』歴史・地理編（監修・水王舎）

探究を生む歴史の授業（下）── プリント・資料付き

2021年3月30日初版第1刷発行

　　　　　　　　　　　　　著　者　　加藤好一

発行所　地歴社　　東京都文京区湯島2-32-6（〒113-0034）
　　　　　　　　　Tel03（5688）6866／Fax03（5688）6867

製本所／坂田製本　　　　ISBN978-4-88527-240-0 C0037

●地歴社の本 （本体価格）

探究を生む歴史の授業〔上〕プリント・資料付き　加藤好一	2300円
学びあう社会科授業〔上〕入門・地理編　加藤好一	2000円
学びあう社会科授業〔中〕歴史・公民編　加藤好一	2000円
学びあう社会科授業〔下〕テスト・応用編　加藤好一	2000円
教師授業から生徒授業へ　社会科授業技術をどう活かすか　加藤好一	1900円
自己肯定感を育てる道徳の授業　加藤好一編	2200円
やってみました 地図活用授業　加藤好一・サークルゆい	1200円
新・世界地理授業プリント　加藤好一	2000円
新・日本地理授業プリント　加藤好一	2500円
新・公民授業プリント　加藤好一	2500円
新・公民の授業80時間　子どもの意識・教材研究・資料　大野一夫	3000円
討論する歴史の授業①〜⑤ シナリオ・プリント・方法　田中龍彦	各2300円
続・討論する歴史の授業 物語る授業と授業案づくり　田中龍彦	2300円
活動する地理の授業① シナリオ・プリント・方法　田中龍彦	2300円
歴史授業シナリオ〔上下〕"愛情たっプリント"付き　白鳥晃司	各2500円
新・歴史の授業と板書　大野一夫	2200円
新・美しい日本史ノート〔第2版〕上田肇	1600円
資料で学ぶ日本史120時間 小松克己・大野一夫・鬼頭明成ほか	2500円
〔授業中継〕エピソードでまなぶ日本の歴史 ①②③　松井秀明	各2200円
エピソードで語る日本文化史〔上下〕松井秀明	各2000円
子どもの目でまなぶ近現代史　安井俊夫	2000円
学校史でまなぶ日本近現代史　歴史教育者協議会	2200円
日本史授業シナリオ〔上下〕わかる板書付き　河名勉	2500円
新・日本史授業プリント 付・ビデオ学習と話し合い授業　松村啓一	2600円
日本史モノ教材 入手と活用　阿部泉	2000円
世界史との対話〔上中下〕70時間の歴史批評　小川幸司	各2500円
新・映画でまなぶ世界史①②　家長知史	各2200円
世界史授業ライブ①〜⑥ 使えるプリント付き　河原孝哲	各2000円
世界史授業プリント 「世界史新聞」を生かす　関根秋雄	2500円
世界史授業シナリオ 黒板を大劇場に変身させるMPメソッド　関根秋雄	2500円
地図を書いて学ぶ世界史 世界地図を5秒で書いて考える 千葉歴教協世界部会	2200円
考える日本史授業・4 今求められる《討論する歴史授業》加藤公明	2500円
考える歴史の授業〔上下〕日本と世界の歴史を考えあう 加藤公明他編	各2300円
アウトプットする地理の授業 展開・資料・板書　山本悦生	2200円
アウトプットする公民の授業 展開・資料・板書　山本悦生	2200円